Plutarch | Glücklichsein

[Was bedeutet das alles?]

Plutarch

Glücklichsein

Denkanstöße aus der Antike

Aus dem Griechischen von Marion Giebel

Reclam

2. Auflage

RECLAMS UNIVERSAL-BIBLIOTHEK Nr. 19515
2018 Philipp Reclam jun. Verlag GmbH,
Siemensstraße 32, 71254 Ditzingen

Gestaltung: Cornelia Feyll, Friedrich Forssman
Druck und Bindung: Kösel GmbH & Co. KG,
Am Buchweg 1, 87452 Altusried-Krugzell
Printed in Germany 2019
RECLAM, UNIVERSAL-BIBLIOTHEK und
RECLAMS UNIVERSAL-BIBLIOTHEK sind eingetragene Marken
der Philipp Reclam jun. GmbH & Co. KG, Stuttgart
ISBN 978-3-15-019515-4

Auch als E-Book erhältlich

www.reclam.de

Inhalt

Einleitung

Alle Menschen wollen glücklich sein, doch was ist Glück, und auf welchem Weg kommt man zu einem glücklichen Leben – Fragen, die man sich schon in der Antike stellte und für die es auch heute kein neues Patentrezept zu geben scheint. Der zweite Mann auf dem Mond wurde gefragt, ob es ihn nicht wurme, dass er nicht der erste und derjenige gewesen sei, der die berühmten Worte gesprochen habe. Ja schon, meinte er, aber dann habe er sich gesagt, er wolle und werde zufrieden sein mit dem, was er erreicht habe, und es sei eben doch ein Glück, dass er dabei war. Nicht nur auf dem Mond: die eigene Einstellung ist ausschlaggebend für das Glücklichsein. So sah man es auch in der Antike. Diese Einstellung aber muss, um ein tragfähiges und dauerhaftes Fundament zu bieten, sozusagen eingeübt und beständig trainiert werden. Dabei kommt der Denkkraft eine bestimmende Rolle zu. Der umfassende Begriff ist die *phrónesis*: die Einsicht, das Nachdenken, Überlegen, Urteilen und Schlussfolgerungen Ziehen, was dann in entsprechendes Handeln umgesetzt wird. *Phrónesis*, so heißt es in den *Hóroi* (*Definitionen*), die im Anhang der Werke Platons überliefert sind, ist die Wirkkraft, die den Glückszustand des Menschen schafft, die Erkenntnis des Guten und Schlechten, eine innere Verfassung, gemäß derer wir entscheiden können, was wir tun und was wir nicht tun sollen. Dies führt zum Besitz der *areté*, der Tugend, der sittlichen Vollkommenheit (lat. *virtus*), die das gute oder richtige, das gelingende Leben garantiert. Platon hat der *phrónesis* oder *sophía*, der Klugheit, den ersten Platz in seinem Tugendkanon gegeben.* Dieser gilt für den Staat wie für den einzelnen Menschen. Hierzu gehören noch Gerechtigkeit (*dikaiosýne*), die jedem das Seine zuteilt und dadurch Eintracht schafft, sowie Mäßigung und Selbstbeherrschung (*sophrosýne*), durch die man die Triebe und Begierden beherrscht und damit ein Gleichgewicht in der Seele bewirkt. Dann die Tapferkeit (*andreía*), die nicht nur in Kampf und Krieg gefragt ist, sondern auch der Seele Kraft verleiht gegen alles Furcht- und Schreckenerregende.

Wenn die Tugend so eng mit den Verstandeskräften verbunden ist, bedeutet dies dann, dass es ein Tugendwissen gibt? Ist die *areté* also eine *téchne*, eine Kunst, die man beherrschen kann, wie etwa die Bildhauerei – muss sie dann nicht auch lehrbar sein? Eine schwierige Frage, auf die es unterschiedliche Antworten gab. In Platons Dialog *Menon* kommen Sokrates und sein Gesprächspartner zu der Ansicht, die Tugend sei nicht lehrbar. Es gibt keine geeigneten Lehrer – die Sophisten, wie ein Protagoras, die alles und jedes lehren wollen, zählen ja nicht. Und vorbildliche Bürger wie Themistokles, Aristides und Perikles haben ihre Söhne, denen sie doch die beste Erziehung zukommen lassen wollten, die Tugend nicht gelehrt oder konnten es nicht. Auch von Natur aus können Menschen nicht tugendhaft sein, sonst würde man dies schon im Kindesalter erkennen. Wie kommt es also, dass es tugendhafte Menschen gibt, wenn sie weder durch die Natur noch durch Unter-

* *Vom Staat* 427e ff.; 442b–d; 504a; *Phaidon* 115a. Später die Kardinaltugenden genannt, wurden sie von den Römern übernommen (*sapientia* oder *prudentia, iustitia, moderatio, fortitudo*) und dann auch vom Christentum, ergänzt durch die speziell christlichen Tugenden Glaube, Hoffnung, Liebe.

richt hervorgebracht werden können? Sokrates meint schließlich, es sei eine Gabe der Götter, wie bei Propheten und Sehern. Obwohl ein Dialog des Sokratesschülers Aischines fast gleichlautend dasselbe behauptet, konnte diese vage Antwort nicht befriedigen. Xenophon, auch er ein Schüler des Sokrates, ist jedoch von der Möglichkeit und Notwendigkeit einer Erziehung (*paideía*) überzeugt. Aristoteles meinte, die Tugend werde nicht primär durch Einsicht, sondern durch Gewöhnung erworben. Gewöhnung – dann muss es aber jemand geben, der weiß, an was man gewöhnt werden soll, also Erziehung: und das bedeutet, dass die Tugend doch lehrbar ist.

So sah es Plutarch, Philosoph und Schriftsteller, der an der platonischen Akademie in Athen studiert hatte, von dort aber vor allem den Satz des Sokrates mitgenommen hatte, man müsse sich um die Seele sorgen, dass sie möglichst gut sei. Und nicht nur um seine eigene, wohlgemerkt. Er sah die Philosophie als eine Lebens-Kunst an, die durch steten Appell an die Verstandeskräfte zu einem gelingenden Leben verhelfen könne. Und dazu sah er sich berufen, nach Kräften beizutragen, gewissermaßen als ein Seelentherapeut.

Plutarch, geboren in der römischen Kaiserzeit (um 46–125 n. Chr.), stammte aus Chaironeia im griechischen Böotien, wo er das heute noch dort stehende Löwendenkmal sehen konnte, errichtet 338 v. Chr. nach dem Sieg von Philipp II. von Makedonien, dem Vater Alexanders des Großen, über die Griechen. Es war das Ende der politischen Autonomie der griechischen Stadtstaaten, jedoch nicht das Ende der kulturellen Hegemonie von Hellas. Die Nachfolgestaaten der Makedonen wie auch die Römer schätzten die *pai-*

deía, die griechische Bildung, Kunst und Kultur, und machten sie sich – man denke an Cicero – weitgehend zu eigen. Griechen kamen nach Rom und dienten als Vermittler. Als ein solcher »Kulturbotschafter« wirkte Plutarch. Er hatte Ämter im Gemeinderat seiner Heimatstadt inne, war Oberpriester des Apollon von Delphi und hielt sich mehrfach in Rom auf, wo er durch seine Lesungen und Vorträge aus dem Gebiet der Wissenschaft und Philosophie Freunde gewann, wie Kaiser Vespasians Freund Mestrius Florus, der Plutarch das römische Bürgerrecht verschaffte. Sosius Senecio, der Vertraute Kaiser Trajans, vermittelte ihm dessen Freundschaft, und Plutarch widmete dem Kaiser eine seiner Schriften. Er betrieb eingehende Studien in den römischen Bibliotheken, so dass er die Römer belehren konnte, woher manche ihrer alten Bräuche stammten oder wer welche klugen Aussprüche getan habe. Dennoch wollte er nicht in Rom bleiben, sondern kehrte ins beschauliche Chaironeia zurück. Auf die Frage, warum er in dieser kleinen Stadt wohnen bleibe, hatte er entgegnet: »Ja damit sie nicht noch kleiner werde!« (*Leben des Demosthenes* 2,2). Hier sammelte er in einer »Privatakademie« interessierte Männer und Frauen um sich, darunter viele junge Leute, mit denen er in Vorträgen, Lesungen und Diskussionen vielfältige Fragen aus verschiedenen Wissensbereichen erörterte. Die häufig gewählte Form des Dialogs erlaubte es Plutarch, mehrere Ansichten zur Diskussion zu stellen. Die Früchte seiner Tätigkeit hat er schriftlich niedergelegt. Daraus entstand die reiche Sammlung von Schriften, die später den Titel *Moralia* erhielt, was freilich nicht auf Moralpredigten hinweist, sondern darauf, dass es hier um die *mores*, die Sitten und Eigenarten der Menschen im weitesten Sinne geht, die aus ganz persönlicher Sicht betrachtet werden. Man hat die *Moralia* treffend Essays genannt, in Anlehnung an Montaigne, der Plutarch sehr schätzte und wie dieser Lebenskunst und Lebensweisheit vermitteln wollte.

Ein spätantiker Werkkatalog nennt über 200 Titel, neben den Schriften der *Moralia* auch Plutarchs berühmtestes Werk, die Parallelbiografien jeweils eines bekannten Griechen und eines Römers, wie Alexander und Caesar. Durch diese Gegenüberstellung wollte Plutarch auch immer noch bestehenden Ressentiments auf römischer Seite begegnen: Man kannte die Griechen als wortgewandte Redner und Wissenschaftler, doch in der Staatskunst hatten sie sich den Römern geschlagen geben müssen. Plutarch zeigt nun, dass auch Griechenland Staatsmänner hervorgebracht hatte, etwa einen Perikles; er zeigt freilich auch, dass auf beiden Seiten Licht und Schatten zu finden war.

Erhalten sind von den *Moralia* etwa 80 Titel. Es gibt Themen aus der Naturwissenschaft, etwa zu der Frage, wie das Gesicht im Mond entsteht, über Literatur, über philologisch-philosophische Fragen wie zu den Werken Platons, theologische Schriften, mehrere über das Orakel von Delphi, über Isis und Osiris, an eine Priesterin gerichtet, über die späte Strafe der Gottheit, das Theodizee-Problem behandelnd. Dann politische Abhandlungen, außerdem Streitschriften wie gegen die Epikureer und deren Wahlspruch *Láthe biósas* – »Lebe im Verborgenen«, was Plutarch ablehnt. Er spricht sich für eine Beteiligung am Staatswesen aus, die unter den Römern im Bereich der griechischen Stadtverwaltungen durchaus noch möglich, ja erwünscht war. Auch gegen die Stoiker wendet er sich, wegen ihrer oft allzu spitzfindigen Definitionen, wobei er ihre Ethik durchaus anerkennt und in manchem befürwortet. Seine farbige, anekdotenreiche Darstellung findet sich unter anderem in seinem *Gastmahl der Sieben Weisen*, zu dem sich der Leser eingeladen fühlen kann.

Anerkennung in jüngster Zeit hat Plutarch für seine humanen Ansichten erhalten, ob es um Frauen, Kinder oder auch Tiere geht. Ehe und Familie gehören zu seinen wichtigsten Themen. In seinem Dialog *Erotikós – Über die Liebe* wertet er die traditionellen Ansichten über die Liebe, die Frauen und die Ehe nachdrücklich ab, »eines der glühendsten Plädoyers für eheliche Zuneigung« (Michel Foucault). Die vielgepriesene Homoerotik – man denke an Platons *Gastmahl* – muss ihm zufolge hinter einer Partnerschaft von Mann und Frau zurückstehen, die durchaus zu einer leibseelischen Gemeinschaft in einem lebenslangen erfüllten Miteinander werden kann. Die Ehe ist keine bloße Zweckgemeinschaft zur Kindererzeugung, und die Frau ist durchaus fähig zur *areté*, zur sittlichen Vervollkommnung.

Die praktische Umsetzung dieser Gedanken über die Ehe und das Verhältnis der Geschlechter bietet Plutarch in einem Lehrbrief an ein jungverheiratetes Paar (*Ratschläge für die Ehe*). Beide sind seine Schüler, was beweist, dass bei ihm die Gleichberechtigung der Geschlechter gilt. Bei den jungen Eheleuten soll alles zur Einheit werden: Der Mann darf keine Vorrangstellung in Anspruch nehmen, die Frau sich nicht auf ihre vornehme Herkunft oder ihre reiche Mitgift berufen. Austausch im Gespräch, Übereinstimmung in Fragen des Alltags, vertrautes Beisammensein, nicht zu vergessen gute Laune und Freundlichkeit sollen ihr Eheleben prägen. Und die junge Ehefrau soll daran denken, was sie bei ihm, ihrem Lehrer, gelernt hat. Sie kann sich durchaus mit ihrem Mann zusammen weiterhin mit Philosophie beschäftigen, wie das andere Frauen, wie die als Philosophin bekannte Theano, getan haben. Das wird ihr Schmuck sein, wertvoller als Perlen. Ein solches Einvernehmen herrschte offenbar in Plutarchs eigener Ehe, wie der Trostbrief an seine Gattin Timoxena zeigt, den er ihr nach dem Tod ihres gleichnamigen kleinen Töchterchens schreibt. In dem innigen Zusammengehörigkeitsgefühl und der Wertschätzung für die Gattin wie für das kleine Mädchen bietet der Brief ein einzigartiges Zeugnis eines Gefühlslebens in der Römerzeit. Es erscheint durchaus naheliegend, dass der liebevolle Vater der kleinen Timoxena, der seine Frau daran erinnert, wie sie mehrere Kinder gemeinsam großgezogen haben, auch eine Schrift über Kindererziehung verfasst hat. Als einzige erhaltene griechische Schrift über dieses Thema (im Römischen ist Quintilian zu nennen) hat sie als ein »güldnes Büchlein« große Wirkung auf die Nachwelt gehabt. Seit den ersten gedruckten Ausgaben der *Moralia* ist sie noch heute die Nr. 1 im Werkkatalog. Dass sie aus sprachlich-stilistischen Gründen als unecht eingestuft wurde, erscheint nicht nachvollziehbar bei einem Gesamtwerk, das nur zu einem Drittel erhalten ist und aus einer Zeit stammt, der sog. Zweiten Sophistik, in der es üblich war, Stil und Darstellungsweise zu variieren, je nach Gattung, Absicht und Adressatenkreis. Plutarch macht von dieser Variationsbreite reichen Gebrauch mit Rücksicht auf den oder die Adressaten. Anspruchsvoll, mit langen Sätzen, gespickt mit Klassikerzitaten, schreibt er an den gebildeten Freund Paccius, in Form eines kleinen »Ehekatechismus« mit kurzen Beispielreihen an das junge Paar, das wohl erst einen Grundkurs in Philosophie bei ihm absolviert hatte. Und vom Thema her müsste man angesichts von Plutarchs »Erziehungsoptimismus« ein solches Werk geradezu vermissen.

Mögen die Philosophen über die Lehrbarkeit der Tugend auch uneins sein, Plutarch bringt ein schlagendes Beispiel für den Wert und Erfolg der Erziehung (*Über Kindererziehung* 3): Der spartanische Gesetzgeber Lykurg nahm zwei junge Hunde von den gleichen Eltern und zog sie auf ganz unterschiedliche Weise auf, so dass der eine gefräßig und ein Leckermaul wurde, der andere aber ein geschickter Jagd- und Spürhund. Als die Spartaner einmal versammelt waren, sagte er zu ihnen: »Ihr Männer von Sparta, wie großen Einfluss Erziehung, Ausbildung und Training für den Erwerb der Tugend und Tüchtigkeit haben, das will ich euch jetzt gleich deutlich vor Augen stellen.« Darauf führte er die beiden Hunde herein, brachte direkt vor sie eine Futterschüssel und einen Hasen und ließ sie los. Da jagte der eine sogleich dem Hasen nach, der andere aber stürzte sich auf die Schüssel. Die Spartaner konnten sich nicht erklären, was Lykurg damit wollte. Da sagte er: »Diese beiden Hunde stammen von den selben Eltern aus einem Wurf; sie haben aber eine ganz unterschiedliche Erziehung gehabt, und so ist der eine auf Leckerbissen aus, und der andere ist ein Jäger geworden.« So sollten sich auch die Spartaner um die Erziehung ihrer Kinder kümmern. Und Plutarch meint, man brauche darüber keine weiteren Worte zu verlieren: »Ist doch der Charakter beständige Gewohnheit,* und

* So öfters bei Aristoteles (mit dem Wortspiel *éthos*, Gewohnheit, und *ēthos*, Charakter, Sinnesweise), der die Bedingungen für das Erlernen der Künste und Wissenschaften auch auf die Aneignung der *areté*, der sittlichen Vollkommenheit, überträgt. Er fordert

wenn man die charakterlichen Tugenden gute Gewohnheiten nennt, dann ist das durchaus nicht verkehrt.« Von den Eltern wird verlangt, dass sie sich in rechter Weise um ihre Kinder kümmern: Mit Lob und vernünftigem Zureden erreicht man mehr als durch Gewalt. Plutarch ist Ratgeber für kindgerechte Pädagogik, er gibt aber auch Anweisungen für eine gesunde Lebensweise, mit entsprechender Ernährung (wenig oder gar kein Fleisch, viel Gemüse), wie es auch heute wieder ähnlich propagiert wird. Als Seelenarzt will er helfen, störende Eigenschaften abzulegen, durch die man sich selbst und anderen schadet, wie Zorn, oder solche, mit denen man den anderen auf die Nerven geht, wie Schwatzhaftigkeit. Immer geht es um ein gesundes inneres Gleichgewicht, die *euthymía*, die »Wohlgestimmtheit«, die man erreicht, wenn man sich von allen übermäßigen Regungen fernhält, seien es Ehrgeiz, Besitzstreben oder auch Zukunftsängste. Von den verschiedenen Begriffen für Glück bevorzugt Plutarch den der *euthymía*, nicht die *eudaimonía*, ein Wort, das ursprünglich bedeutet, dass ein guter Geist, ein *daímon*, einem zur Seite steht. Verwandt damit ist der Begriff *eutychía*, das Glückhaben als eine Gabe der Tyche, der Glücks- und Schicksalsgöttin. Plutarchs Glücksbegriff ist nicht fremdbestimmt; er umfasst ein aktives, bewusstes Mithandeln des Menschen, der diesen erwünschten Zustand in seinem *thymós*, seinem Innern herstellt, um ein glückliches Leben zu führen: die Seelen- oder Gemütsruhe. So nennt er seinen Glücksratgeber *Perì euthy-*

freilich die Absicherung durch eine Gesetzgebung, denn die Erziehung zur Tugend setze doch eine gewisse Einsicht und Bereitschaft voraus, die nicht immer gegeben sei (vgl. *Nikomachische Ethik* B. 2 und 10).

mías, Von der Seelen- oder Gemütsruhe (hier S. 21–57):* kein rauschendes Glücksgefühl, sondern eher ein Glück in kleiner Münze – Zufriedenheit, verbunden mit innerer Heiterkeit und Gelassenheit. Dafür entwirft er ein Therapie- und Trainingsprogramm, das strikt eingehalten werden muss: geistige Übungen, Merksätze, über die man meditiert und mit deren Hilfe man sich von Einstellungen befreit, die einen immer wieder aus dem Gleichgewicht bringen. Zu solchen Fehlhaltungen gehört es, ständig auf die anderen zu schauen, was sie alles haben und was man auch haben will, ja haben muss. Und wenn man es dann hat, bangt man, dass es einem wieder genommen werden könnte – oder die anderen haben inzwischen noch mehr erstrebenswerte Luxusgüter oder höhere Positionen. Wo bleibt da die Zufriedenheit? »Das Vergleichen ist das Ende des Glücks und der Anfang der Unzufriedenheit« (Sören Kierkegaard).

Und wenn es einmal schiefgeht im Leben, dann sollte man auch das möglichst gleichmütig ertragen, nicht ständig in dieser Wunde bohren, sondern auf das Gute schauen, das einem noch geblieben ist. Dass dieses Rezept erfolgreich sein kann, bewies später der berühmte Arzt Galénos (129 – um 200 n. Chr.), der bei einem Brand in Rom Unersetzliches verloren hatte, seine selbst gefertigten medizinischen Instrumente, Arzneien und einen Großteil seiner Schriften. Dennoch blieb er gelassen, mit dem Blick nicht auf das, was verloren, sondern auf das, was noch geblieben war. Diese Sichtweise könne man sich antrainieren.**

* Auch Seneca geht am Anfang seiner Schrift *Von der Ruhe des Gemüts* vom griechischen Begriff der *euthymía* aus.

** Galen, *Gelassenheit*, übers. und hrsg. von K. Brodersen, Stuttgart 2017 [Universal-Bibliothek. 19319.].

Plutarch nennt als Beispiel bekannte Personen wie Zenon und Diogenes, die nicht als Philosophen geboren wurden, sondern sich nach einem Schiffbruch des Lebens eine neue, zwar äußerlich dürftige, aber innerlich reiche Existenz geschaffen haben und dabei glücklich waren.

Wer sich auf dieses Trainingsprogramm einlässt, kann, wie es Plutarch in seinem Schlusssatz zum Ausdruck bringt, in heiterer, wir würden sagen optimistischer Stimmung der Zukunft entgegensehen, auch ohne einen »Coach«, einen »Mentaltrainer« oder »Feelgood-Manager« für heutige Probleme im privaten oder beruflichen Leben.

Das Lehr- und Erziehungsprogramm, das Plutarch zufolge zum erwünschten Seelenzustand, zu einem glücklichen Leben führt, wird von der *phrónesis*, der Vernunft, geleitet, die wiederum zur Tugend führt, ja geradezu als mit ihr verbunden oder identisch gesehen wird. Plutarch meint, dies einleuchtend dargelegt zu haben. Doch gab es offenbar Gegenstimmen, welche die Tugend nicht als eine »Technik« ansehen wollten, die man lernt wie eine beliebige Handwerkerkunst. Hier meldet sich Plutarch nochmals zu Wort. Sein kurzer Essay »Kann die Tugend gelehrt werden?« (*Ei didaktòn aretḗ*, hier S. 58–62) ist offenbar unvollständig, doch ist die Kernaussage klar: Wie kann man zugeben, dass man die trivialen Erfordernisse des täglichen Lebens lernen muss, dass aber das Allerwichtigste, die Tugend, d. h. das vernunftmäßige Handeln, dem Zufall überlassen bliebe? Er kann sich auf Sokrates bei Xenophon berufen, der sagt, es sei doch sonderbar zu glauben, dass man es in den einfachsten Künsten ohne fähige Lehrer zu nichts bringen könne, dass aber etwas wie die größte Kunst von allen, nämlich die Lenkung eines Staates, den Menschen von selbst zufallen solle. Durch richtige Erziehung – durch Übung und Belehrung – könnten sie nicht nur selbst glücklich sein und ihr Hauswesen gut verwalten, sondern auch andere Menschen und ganze Staaten glücklich machen.*

Diejenigen, die der Tugend die Lehrbarkeit absprechen, überantworten alles höhere Wissen dem Zufall – geradezu ein Reizwort für Plutarch. Denn *týche* ist der blinde Zufall, das Gegenbild zu seiner höchsten Instanz, der *phrónesis*. Tyche ist auch die Schicksalsgöttin, die ganz nach ihrem Belieben Gutes und Böses austeilt, auch das Gute wieder nimmt – eine Instanz, die dem Leben jede sichere Grundlage verwehrt. Und gerade diese Göttin hatte, als Tyche und als Fortuna, seit dem Hellenismus ihren Siegeszug durch die ganze griechische und römische Welt angetreten. Im Zuge der Eroberungen Alexanders des Großen und seiner Nachfolger waren großräumige Herrschaftsgebiete entstanden, die Diadochenreiche. Sie boten dem Einzelnen nicht mehr die Verwurzelung in seinem engbegrenzten Lebensraum, mit seinen Bräuchen und seinen heimischen Göttern und ihren Kulten. Ein Gefühl allgemeiner Unsicherheit griff um sich. Die Personifikation des veränderlichen und unberechenbaren Geschicks war Tyche, überall als Stadtgöttin dargestellt mit dem Rad, das sich dreht (das man fürchtet), oder mit dem Füllhorn (dessen Segen man erhofft). Kritisch äußert sich Plinius der Ältere (2,22 f.): »In der ganzen Welt, an allen Orten und zu jeder Zeit wird wie aus einem Munde allein Fortuna angerufen und genannt.

* Xenophon, *Erinnerungen an Sokrates* 4,1–2; Diogenes Laertios 2,33. – Seneca diskutiert über ein Teilgebiet der Philosophie, das *praecepta*, Vorschriften für soziales Verhalten, gibt (*Briefe an Lucilius* 94; 95).

Sie lobt man, rügt man und verehrt sie trotz aller Vorwürfe. Als flüchtig und wandelbar wird sie angesehen, von den meisten sogar als blind und unbeständig, unsicher, wechselnd, den Unwürdigen zugeneigt. Ihr wird aller Verlust, ihr aller Gewinn zugeschrieben, und so sehr sind wir also einem unsicheren Geschick unterworfen, dass dieses selbst als eine Gottheit gilt.« Eine solche Sicht kann auch Plutarch nicht billigen (hier S. 63–68) – der Mensch als Spielball blinder Mächte? Wohl muss er akzeptieren, dass es Unglück und Leid im Leben gibt, schlimme Verluste, die man aber, gestählt durch die philosophischen Grundsätze, in unerschütterlicher Haltung hinnehmen und bewältigen wird. Keineswegs akzeptabel ist es, vor der Schicksalsmacht zu kapitulieren und die Hände in den Schoß zu legen. Dann sind die Menschen blind, wie der blinde Zufall, den sie sich als Führer nehmen, statt der *phrónesis*, der Denkkraft. Sie ist es doch, die das Leben – inmitten der von der Natur gesetzten Grenzen – angenehm und lebenswert macht.*

Plutarchs philosophisches Denken ist seiner platonischen Ausrichtung nach geprägt von einer Welt als sichtbares und erlebbares Bild des Göttlichen. Plutarch war ein frommer Verehrer der Götter, ein Diener des Gottes von Delphi, Mysteriengläubiger und auch fremden Kulten wie dem von Isis und Osiris gegenüber aufgeschlossen. Doch in seinem Glücksratgeber von der Seelenruhe spielen die Götter als Helfer bei seinem Therapieprogramm keine besondere Rolle. Mit seinen Verstandeskräften, die freilich

* Vgl. Cicero, *Gespräche in Tusculum* 5,39: *perfecta mens, absoluta ratio, quod est idem virtus* – »ein vollkommen ausgebildeter Geist, die reine Vernunft, ebendies ist die Tugend«. Auch bei Seneca sind *ratio* und *virtus* verbunden.

vom Göttlichen stammen, soll der Mensch seinen Weg zur Vervollkommnung finden. Diese ethische Ausrichtung, ohne ständigen Bezug auf den Götterglauben, verschaffte Plutarch im gleichzeitig sich ausbreitenden Christentum eine positive Resonanz. Die frühen Kirchenschriftsteller zitierten ihn häufig, um bei einem noch im Heidentum aufgewachsenen Lesepublikum Akzeptanz zu finden, so Clemens von Alexandrien, Johannes Chrysostomos, Basileios, Eusebios und der Mönchsvater Isidor von Pelusion. Später schätzte ihn Erasmus von Rotterdam sehr hoch. So hat man Plutarch als einen »heidnischen Kirchenvater« bezeichnen können. Seine geistigen Übungen finden sich in ganz ähnlicher Form als »geistliche Übungen« bei Thomas a Kempis, Ignatius von Loyola und anderen.

Plutarchs Biografien haben großen Einfluss ausgeübt, so auf Shakespeare, und auch die *Moralia* lebten in neuerer Zeit fort. »Die kleinen Schriften Plutarchs waren gerade recht am Ort«, schrieb Goethe, der 1811 bei einem Kuraufenthalt in Karlsbad eine Ausgabe der *Moralia* vorfand. Er habe sich »so darein verliebt«, dass er sie nicht zurückgeben wolle.

Heute wird man die 2012 aufbereitete Übersetzung von Osiander und Schwab (1828 und 1861) in zwei Bänden zur Hand nehmen, und zu Plutarchs Glücksratgeber wird man das Urteil von Albin Lesky bestätigen können: »Das Ziel heiteren Seelenfriedens wird hier von einem gepriesen, der das Beste dafür in seinem eigenen Inneren mitbrachte.«

Marion Giebel

I Von einem glücklichen Leben

Plutarch wünscht Paccius alles Gute.

1. Erst spät habe ich deinen Brief erhalten, in dem du mich bittest, für dich etwas über ein glückliches Leben zu schreiben sowie über einige Stellen in Platons *Timaios*, die eingehender Erklärung bedürfen. Zur gleichen Zeit traf es sich, dass unser Freund Eros von hier aus sogleich nach Rom reisen sollte. Er hatte nämlich von unserem hochgeehrten Fundanus einen Brief erhalten, in dem, wie bei ihm üblich, zur Eile gemahnt wurde. Ich hatte nun einerseits nicht die Zeit, die ich mir wünschte, um deinem Anliegen gerecht zu werden, ich konnte es aber auch nicht über mich bringen, dass ein Freund, der von mir kommt, mit völlig leeren Händen bei dir erscheint. So trug ich aus meinen eigenen Aufzeichnungen all das zusammen, was ich mir für den eigenen Gebrauch über die Voraussetzungen zu einem glücklichen Leben notiert hatte. Ich glaube ja, dass du auch kein ausgefeiltes Vortragsstück zu diesem Thema suchst, sondern einen Ratgeber fürs tägliche Leben. Und ich muss dir meine Anerkennung aussprechen. Obwohl du hochgestellte Persönlichkeiten zu deinen Freunden zählst und dein Ruf als Redner hinter keinem deiner Zeitgenossen in Rom zurücksteht, kann von dir nicht das Dichterwort gelten:

… hat Beifall klatschend ausgetrieben sie die Menge dir –[1]

nämlich die natürlichen Empfindungen. Nein, du behältst stets in Erinnerung, was du so oft gehört hast: Ein Senatorenschuh bewahrt nicht vor Gicht in den Füßen, ein kostbarer Ring nicht vor einem entzündeten Finger und ein

Diadem nicht vor Kopfweh. Denn wie kann dir Geld, Ruhm oder Einfluss am Hof zu einem unbeschwerten Gemüt und einem ruhigen Leben verhelfen, ohne die stete Voraussetzung, dass der Gebrauch dieser Dinge zwar angenehm ist, wenn wir sie besitzen, dass wir sie aber nicht entbehren, wenn wir sie nicht haben? Und wie kommen wir anders dahin, als nur durch Vernunft und Überlegung, die beide gewohnt und geübt sind, die Affekte und irrationalen Kräfte der Seele bei ihrem häufigen Ausbrechen sogleich in Schranken zu halten und ihnen nicht zu erlauben, loszustürmen und blindlings nach dem zu streben, was sie nicht haben. So rät Xenophon,[2] wir sollten der Götter besonders gedenken und sie ehren, wenn es uns gut geht. Dann werden wir sie, wenn wir in Not geraten, mit Zuversicht als gnädige Helfer anrufen können. So ist es auch mit den Kräften der Vernunft, die wir als Helfer zur Kontrolle der Triebkräfte brauchen. Kluge Menschen versichern sich ihrer, bevor sich die Affekte störend bemerkbar machen. So sind uns die Verstandeskräfte, weil bereits im Voraus trainiert, später von großem Nutzen. So wie reizbare Hunde bei jeder fremden Stimme außer sich geraten und sich nur von vertrautem Zuspruch beruhigen lassen, so ist es auch mit den menschlichen Leidenschaften. Wenn sie erst einmal aufgereizt sind, lassen sie sich nicht so leicht wieder zur Ruhe bringen, wenn nicht gewohnte und eingeübte Lehr- und Grundsätze zur Hand sind, um den Aufruhr zu stillen.

2. Es hat jemand gesagt, wer die Ruhe des Gemüts, die Voraussetzung für ein glückliches Leben, erreichen will, der darf sich nicht zu viel zu schaffen machen, weder privat noch öffentlich.[3] Damit macht er uns die Gemütsruhe zu-

nächst einmal recht teuer, wenn wir sie nur um den Preis der Untätigkeit erkaufen können. Das ist gerade so, als ob er jedem Kranken raten wolle:

> Bleib ruhig liegen, du Armer, auf deiner Lagerstatt![4]

Es ist klar, dass Stillliegen ein schlechtes Heilmittel gegen Wahnsinn ist. Um nichts besser ist aber ein Seelenarzt, der Untätigkeit, Schlaffheit und die Abkehr von Freunden, Familie und Vaterland als Rezept gegen seelische Störungen und Beschwerden verschreibt. Außerdem ist es nicht wahr, dass alle, die nicht viel mit Geschäften belastet sind, die Seelenruhe gepachtet haben. Sonst müssten ja die Frauen glücklicher daran sein als die Männer, denn sie sitzen meistens zu Hause, wo, wie es heißt,

> der Sturmwind die zarte Haut des Mädchens nicht durchwehen kann.[5]

Aber Kummer, Unruhe und Missmut aufgrund von Eifersucht, Aberglauben, Egoismus und nichtigen Einbildungen aller Art, mehr als man sagen kann, das alles strömt ein in die Frauengemächer. Und Laertes lebte zwanzig Jahre lang ganz für sich auf dem Lande,

> mit nur einer alten Dienerin, die ihm Essen und Trinken vorsetzt.[6]

Heimatstadt, Palast und Königtum hatte er aufgegeben; in seiner Untätigkeit und Zurückgezogenheit hatte er jedoch ständig Trauer und Kummer zu Hausgenossen. Bei manchen Menschen führt gerade das Nichtstun oft zu Niedergeschlagenheit. So geht es hier bei Achill:

Der aber saß noch da bei den schnellen Schiffen
und zürnte,
Peleus' Sohn, der zeusentsprossene, der schnelle
Achilleus;
Weder pflegte er je zum rühmlichen Rate zu gehen
Noch auch je in die Schlacht, sein Herz im Kummer
verzehrend,
Dort verweilend, er sehnte sich immer nach Kampf
und nach Schlachtlärm.[7]

Er leidet darunter, grämt sich und sagt selbst:

Aber ich sitz bei den Schiffen als nutzlose Last
für die Erde.

Daher ist sogar Epikur, der sonst die Zurückgezogenheit empfiehlt, dafür, dass ehrgeizige und ruhmbegierige Menschen kein tatenloses Leben führen. Sie sollen vielmehr ihrer Natur gemäß aktiv am öffentlichen Leben teilnehmen. Denn die Untätigkeit bringt solchen Leuten mehr Unruhe und Schaden, weil sie das nicht bekommen, wonach ihnen der Sinn steht. Aber Epikur ist unlogisch. Fordert er doch nicht diejenigen zum Wirken in der Öffentlichkeit auf, die das Zeug dazu haben, sondern bloß solche, die nicht stillsitzen können. Doch nicht ob einer viel oder wenig tut, sondern ob er Gutes oder Böses dabei im Sinn hat, das ist entscheidend für eine gute oder schlechte Gemütsverfassung. Das Unterlassen des Guten schafft nämlich, wie man gesagt hat, ebenso viel Unmut und innere Unruhe wie böses Tun.

3. Manche glauben, es gäbe eine besondere Lebensform, die frei ist von allen Beschwernissen und Kummer, etwa die von Bauern,[8] von Junggesellen oder Königen. Das Wort des Menander[9] ist da eine hinreichende Mahnung:

> Ich habe, Phanias, immer geglaubt, wer reich
> ist und's nicht nötig hat, auf Pump zu leben, der
> stöhnt nicht bei Nacht, wälzt sich nicht schlaflos
> hin und her,
> seufzt nicht: »Ach Gott, ich Armer«, sondern
> der schläft süß
> und selig seinen Schlaf.

Er erklärt aber dann, wie er sehen musste, dass die Reichen ebenso zu leiden haben wie die Armen.

> Ist Leben (fragt er) irgendwie verwandt mit Leid?
> Lebt einer reich, gehört's dazu; hat einer Ruhm,
> Ist's da, und mit dem Armen wird es alt und grau.

Es ist gerade wie bei Passagieren auf See, die sich ängstigen und seekrank sind und glauben, sie kämen besser davon, wenn sie von ihrem kleinen Boot auf ein Handelsschiff umsteigen und dann wieder auf ein Kriegsschiff. Dabei gewinnen sie aber überhaupt nichts, denn sie nehmen ja ihre Übelkeit und ihre Furcht immer mit. So kann man auch durch eine Änderung seiner Lebensform seine Seele nicht von Kummer und Sorgen befreien.[10] Darin offenbart sich ein Mangel an Tatsachensinn und Überlegung: Man kann und weiß sich den gegebenen Umständen nicht in rechter Weise anzupassen. Das führt für den Reichen ebenso wie für den Armen zur Beunruhigung, wie Sturm und Unwetter; darunter hat der Verheiratete ebenso wie der Unverheiratete zu leiden. Aus diesem Grund ziehen sich manche Männer aus dem öffentlichen Leben zurück, sie können dann aber die Ruhe nicht vertragen. Deshalb jagen wieder andere nach Beförderungen am Hof, und wenn sie etwas erreicht haben, ist es ihnen gleich schon wieder lästig.

Ewig unzufrieden sind die Kranken, hilflos wie sie sind.[11]

Denn die besorgte Gattin stört den Kranken, er macht dem Arzt Vorwürfe, ist unzufrieden mit dem Bett,

Es stört der Freund, der kommt; geht er, so ist man's leid,

wie es bei dem Dichter Ion heißt. Doch wenn die Krankheit dann vorüber ist und die Stimmung sich bessert, lässt die wiederkehrende Gesundheit alles gleich wieder freundlicher und angenehmer aussehen. Wer gestern noch gekochte Eier, Pudding und Weißbrot mit grämlicher Miene zurückwies, der verzehrt heute gern und gierig grobes Schrotbrot mit Oliven oder Kresse.

4. Eine solche Art der Zufriedenheit, mit einer gewandelten Einstellung gegenüber jeder Lebensform, erreichen wir durch die Vernunft, wenn sie in uns verwurzelt ist. Als Alexander der Große den Philosophen Anaxarchos[12] über eine unbegrenzte Anzahl von Welten sprechen hörte, vergoss er Tränen. Auf die Frage seiner Freunde, was ihm denn solchen Kummer mache, antwortete er: »Ist das denn nicht

zum Weinen, wenn es unendlich viele Welten gibt und wir noch nicht einmal eine erobert haben?« Der Philosoph Krates aber, der nichts hatte als einen Rucksack und einen abgetragenen Mantel, verbrachte sein ganzes Leben in Lachen und Scherzen wie ein einziges Fest. Und für Agamemnon war es wahrhaftig eine leidvolle Bürde, über so viele König zu sein:

> Erkenne doch des Atreus Sohn Agamemnon, welchem vor allen
> Zeus ohne Ende Mühen bereitet.[13]

Diogenes aber, der auf einem Sklavenmarkt verkauft werden sollte, lag auf dem Boden und trieb seinen Spott mit dem Auktionator. Als dieser ihm befahl, aufzustehen, wollte er nicht und sagte spottend und lachend: »Stell dir vor, du verkauftest einen Fisch!«[14] Und Sokrates hielt im Gefängnis philosophische Gespräche mit seinen Freunden. Phaëthon aber war bis in den Himmel aufgestiegen, und dann weinte er darüber, dass man ihm nicht die Pferde seines Vaters und dessen Wagen überlassen wollte.[15]

So wie sich der Schuh mit dem Fuß bewegt und nicht umgekehrt, so wirkt sich auch die Einstellung der Menschen auf ihr Leben aus. Es ist nämlich nicht die Gewohnheit, wie man gesagt hat,[16] die die beste Lebensart für diejenigen, die sie gewählt haben, auch angenehm macht. Nein, es ist die Vernunft, die die gleiche Lebensart jeweils zur besten und angenehmsten macht. Also wollen wir die Quelle in unserem Innern, aus der die Ruhe und Ausgeglichenheit entspringen, sorgfältig reinigen und klären. Dann werden wir uns auch mit den äußeren Gegebenheiten im

Einklang befinden, indem wir sie, als etwas zu uns Gehöriges und Vertrautes, ohne Widerwillen annehmen.

> Es bringt nichts, sich über das Geschick aufzuregen,
> denn es kümmert sich darum überhaupt nicht. Aber
> wer mit den Umständen
> am besten fertig wird, dem geht's gut.[17]

5. Platon verglich das Leben mit einem Würfelspiel, bei dem wir nicht nur gut würfeln, sondern auch aus unserem Wurf das Beste machen müssen.[18] Dabei steht das Ergebnis des Würfelns nicht in unserer Macht; das andere aber ist unsere Aufgabe, wenn wir uns recht bedenken: nämlich die Gaben des Geschicks anstandslos anzunehmen und jedem Ereignis den gebührenden Platz anzuweisen. Dann wird uns das Erwünschte am meisten nützen und das Unerwünschte am wenigsten schaden. Diejenigen, die ohne Sinn und Verstand leben, sind wie die Kranken, deren Körper weder Hitze noch Kälte vertragen können. Im Glück sind sie außer sich vor Freude, im Unglück am Boden zerstört. Durch beides geraten sie völlig aus dem Häuschen, das heißt mehr durch ihre eigene Einstellung zu beidem, ja nicht weniger auch bei dem, was man glückliche Umstände nennen kann. Theodoros, der Atheist genannt,[19] sagte immer, er gebe seinen Hörern seine Reden mit der rechten Hand, sie aber nähmen sie mit links entgegen. So nehmen die Unverständigen oft die Gaben, die ihnen das Glück mit der Rechten reicht, linkisch an und wissen keinen rechten Gebrauch davon zu machen. Die Verständigen aber machen es wie die Bienen, die gerade vom Thymian, der bittersten und trockensten Pflanze, Honig sammeln. Sie kön-

nen oftmals auch ungünstigen Umständen noch etwas Positives abgewinnen.

6. Darum muss es uns zuerst gehen bei unseren Übungen und Überlegungen – es muss ja nicht gleich sein wie bei dem Burschen, der einen Stein nach dem Hund warf, dabei die Stiefmutter traf und meinte: »Auch nicht verkehrt!« Man kann nämlich dem Schicksal eine andere Wendung geben, wenn es uns Unerwünschtes zuteilwerden lässt. So sagte Diogenes, als er in die Verbannung geschickt worden war: »Auch nicht übel.« Er begann nämlich danach sein Leben als Philosoph. Zenon von Kition[20] besaß nur noch ein einziges Handelsschiff; als er erfuhr, dass es mit der gesamten Fracht untergegangen war, rief er aus: »Dank dir, Schicksal! Du ziehst mir den Philosophenmantel an.«

Was hindert uns, dem Beispiel solcher Männer zu folgen? – Du bist nicht in ein Amt gewählt worden? Nun, da kannst du auf dem Land leben und dich deinen eigenen Interessen widmen. – Du hast dich um die Gunst eines führenden Mannes beworben und bist abgewiesen worden? So wirst du ohne Gefährdung und Betriebsamkeit leben. – Steckst du wiederum in Geschäften, die dir die Muße rauben und dich mit Sorgen erfüllen? Doch Ehre und Ansehen, verbunden mit entsprechender Machtfülle, machen

> die Mühe angenehm und die Arbeit süß.[21]

Oder wirst du aufgrund von Verleumdung und Missgunst angefeindet und um deinen Erfolg gebracht? Dann weht dich ein günstiger Wind zu den Musen und zu Platons Akademie. Ihn trieben die Stürme des Lebens dorthin, als seine Freundschaft mit Dionysios von Syrakus gescheitert war.[22]

So kann es uns auch eine große Hilfe auf unserem Weg zu einer glücklichen Gemütsverfassung sein, wenn wir uns bekannte Persönlichkeiten daraufhin ansehen, ob sie nicht auch etwas erleiden mussten wie unsereins. Macht dir deine Kinderlosigkeit Kummer? Blick auf die [sieben] Könige Roms: Keiner war in der Lage, die Herrschaft an einen leiblichen Sohn zu übergeben. Bedrückt dich deine derzeitige Mittellosigkeit? Nimm doch die Böotier – wer wolltest du lieber sein als Epaminondas, oder nimm die Römer – wer eher als Fabricius?[23] »Aber mir hat einer meine Frau verführt.« – Ja hast du nicht die Inschrift an einem Weihgeschenk in Delphi gelesen:

> Der Herrscher über Land und Meer, König Agis, stellte mich hier auf.[24]

Und hast du nicht gehört, dass Alkibiades[25] dessen Frau Timaia verführt hat? Und dass sie ihr Kind im Geheimen vor ihren Kammerfrauen Alkibiades nannte? Das hat König Agis nicht daran gehindert, der berühmteste und größte Mann seiner Zeit in Griechenland zu werden.

Ebenso wenig ließ sich der Philosoph Stilpon[26] durch den lockeren Lebenswandel seiner Tochter davon abhalten, das heiterste Philosophenleben seiner Zeit zu führen. Ja als der Kyniker Metrokles ihn deshalb rügte, meinte er: »Ist es mein Fehler oder ihrer?« – »Ihr Fehler schon, aber dein Unglück«, antwortete Metrokles. »Wie denn – sind denn Fehler nicht auch Irrtümer?« – »Ja, durchaus.« – »Dann sind die Irrtümer doch die Irrtümer derer, die sie begangen haben, und ihre Missgeschicke?« – Metrokles stimmte zu. »Die Missgeschicke sind also die Missgeschicke derer, die sie begangen haben, und deren Unglück?« Mit dieser milden und zugleich philosophischen Argumentation entlarvte er den Vorwurf des Kynikers als grundloses Gekläff.

7. Die meisten Leute erregen und kränken sich aber nicht nur über die Fehler ihrer Freunde und Angehörigen, sondern auch über die ihrer Feinde. Schmähungen, zornige Schimpfreden, Verleumdungen, Neid, Böswilligkeit und Eifersucht, überhaupt ein feindseliges Wesen, das ist doch ein Fluch für diejenigen, die damit behaftet sind. Nur Unverständige lassen sich davon plagen und peinigen, wie zum Beispiel von Streitsucht der Nachbarn, der schlechten Laune von Freunden oder der Unredlichkeit von Beamten. Davon lässt du dich [Paccius], scheint mir, ganz besonders aus dem Gleichgewicht bringen, und wie die Ärzte bei Sophokles, die

> reinigen bittere Galle mit bitterer Arznei,

so wirst du ärgerlich und bitter durch die krankhaften Verhaltensweisen von anderen. Das ist doch unvernünftig. Denn auch bei der Durchführung von Geschäften, mit denen du betraut bist, kannst du nicht nur auf geradlinige und tüchtige Leute zurückgreifen. Statt brauchbarer Werkzeuge hast du da oft nur schartige und krumme zur Verfügung. Sie gerade zu biegen, solltest du nicht für deine Aufgabe halten – das wäre auch sonst nicht leicht. Wenn du dich nun so freundlich und maßvoll wie möglich zeigst und sie dabei so gebrauchst, wie sie sind, wie der Arzt die Zange für die Zähne und Verbände für die Wunden nimmt, dann wirst du mehr Freude haben durch dein eigenes Verhalten als Ärger durch das schlechte Betragen und die Unredlichkeit der anderen. Betrachte diese Leute wie Hunde, die bellen, weil das eben so ihre Art ist. Dann wirst du dir nicht länger unwillentlich allerlei Kümmernisse zuziehen und dich, kleinmütig und niedergeschlagen, wie du gerade bist, so wie Abwasser in eine Grube fließt, mit den Übeln anderer anfüllen. Ja manche Philosophen halten sogar Mitleid gegenüber Unglücklichen für verfehlt.[27] Sie meinen, es sei richtig, den Nächsten Hilfe zu leisten, aber nicht, mit ihnen zu jammern und sich dabei selbst völlig aufzugeben. Und was noch wichtiger ist: Diese Philosophen erlauben uns auch nicht, angesichts unserer eigenen Fehlerhaftigkeit und Charakterschwäche verzagt und niedergeschlagen zu sein. Sie fordern uns vielmehr auf, uns ohne Weh und Ach an die nötige Kur unseres Übels zu machen. Jetzt überlege doch nur: Ist es nicht widersinnig, wenn wir uns Ärger und Missmut erlauben, nur weil nicht alle Menschen, mit denen wir zu tun haben oder die uns begegnen, treffliche und liebenswerte Personen sind! Nein, mein lieber Paccius, da muss man vorsichtig sein: Sonst könnten wir, ohne es selbst zu merken, statt uns allgemein über die Schlechtigkeit unserer Mitmenschen zu beklagen, aus gekränkter Eigenliebe und nicht aus Abscheu gegen das Böse, gewissermaßen als Vorwand unsere Vorwürfe erheben. Übertriebener Ehrgeiz bei Geschäften, Hetzen und Jagen oder andererseits Rückzug in den Schmollwinkel – all das erzeugt eine Atmosphäre des Verdachts und der Verbitterung gegenüber den Mitmenschen, die in unseren Augen schuld daran sind, dass wir irgendeinen Verlust oder sonst etwas Unangenehmes erlitten haben. Wer sich aber in geschäftlichen Dingen eine leichte Hand und einen maßvollen Sinn angewöhnt hat, der wird die größte Gelassenheit und Milde gegenüber seinen Mitmenschen aufbringen können.

8. Von daher wollen wir uns nun die Reaktionen der Menschen auf die Umstände wieder vornehmen. Wenn wir eine Fieberkrankheit haben, schmeckt uns alles bitter und scheußlich. Sobald wir aber andere sehen, die das Gleiche zu sich nehmen, ohne Abneigung dagegen zu empfinden, dann geben wir nicht mehr dem Essen und Trinken, sondern uns selbst die Schuld und natürlich der Krankheit. So werden wir auch aufhören, mit dem Lauf der Dinge unzufrieden zu sein, wenn wir sehen, wie andere das Gleiche unbekümmert und gelassen hinnehmen.

Es fördert ferner unsere Seelenruhe, auch bei unerwünschten Ereignissen nicht zu übersehen, wieviel Angenehmes und Feines wir doch haben: Lass uns doch das Schlechte mit dem Guten mischen und es dadurch abschwächen! Nun ist es aber so: Wenn unsere Augen vom grellen Licht schmerzen, dann wenden wir sie davon ab und schaffen ihnen Linderung durch die sanften Farben von Blumen und Grün. Unseren Sinn aber heften wir beständig auf Dinge, die uns Kummer machen, und zwingen ihn, bei der Betrachtung des Unangenehmen zu verweilen, ja wir zerren ihn geradezu mit Gewalt von allem Angenehmeren weg.

Warum starrst du so gebannt auf deine Kümmernisse, mein Lieber, und polierst sie immer wieder blank, verwendest aber keinen Blick auf das Gute, das dich umgibt? So wie Schröpfköpfe gerade die schlechtesten Säfte aus dem Körper ziehen, so führst du dir just das Allerübelste deiner Lage zu Gemüte. Du machst es nicht besser als jener Mann aus Chios, der seinen exzellenten alten Wein den anderen

Leuten verkaufte und sich selbst zum Essen einen essigsauren hervorsuchte. Einer seiner Sklaven antwortete auf die Frage eines anderen, was sein Herr gerade tat, als er ihn verließ: »Gutes hat er zur Hand, aber er sucht sich das Schlechte!« Wie viele gibt es doch, die am Guten und Angenehmen, das ihnen zur Verfügung steht, vorbeirennen zum Unbequemen und Lästigen. Aristipp[28] war keiner von denen – er gab vielmehr klugerweise, wie auf einer Waage, jeweils dem Besseren das Übergewicht und war so Herr seiner Lage und guten Mutes. Einmal hatte er ein schönes Grundstück eingebüßt, und ein anderer machte viel Worte um seinen Verlust und beklagte ihn sehr. Da fragte ihn Aristipp: »Ist es nicht so, dass du bloß ein einziges kleines Grundstück hast, während mir noch drei Felder verblieben sind?« – Als dieser bejahte, meinte Aristipp: »Nun, da müsste ich doch eher dich beklagen, oder?« Verrückt ist das – sich über Verluste zu grämen, statt sich an dem zu freuen, was noch gerettet ist. Wenn man kleinen Kindern von einem ganzen Berg Spielzeug ein einziges wegnimmt, dann werfen sie alles Übrige hin und weinen und schreien. Gerade so machen wir es: Wenn uns das Schicksal einen einzigen Schlag versetzt hat, dann verderben wir uns alles Übrige durch Jammern und Missmut.

9. »Ja was haben wir denn schon«, mag einer sagen, »und was haben wir alles nicht!« – Nun, der eine hat Ansehen, der andere ein Haus, wieder ein anderer eine Frau, einen guten Freund. Antipater von Tarsos[29] führte sich auf seinem Sterbebett alles Gute vor Augen, das ihm zuteilgeworden war, und vergaß sogar eine angenehme Seereise von Kilikien nach Athen nicht. Ja, wir sollten auch die alltäglichen Dinge nicht übersehen, sondern sie gleichsam

in unsere Rechnung aufnehmen und uns freuen, dass wir leben, gesund sind, die Sonne schauen. Und dass weder Krieg noch blutiger Aufruhr herrschen, dass sich uns die Erde darbietet zur Bebauung und das Meer jedem, der will, zur Seefahrt gefahrlos offensteht. Und wir können, ganz wie wir wollen, reden und handeln, schweigen und müßig sein.

Der Besitz aller dieser Güter wird uns in unserem Gefühl des Glücks und der Zufriedenheit noch bestärken, wenn wir uns vorstellen, wir hätten das alles nicht. Erinnern wir uns nur oft genug daran, wie sich die Kranken nach der Gesundheit, die vom Krieg Heimgesuchten nach Frieden sehnen, wie jemand, der fremd und unbekannt in eine so große Stadt [wie Rom] kommt, sich Bekanntschaft und Freunde wünscht – wie schlimm ist es doch, das alles zu verlieren, wenn man es einmal gehabt hat. Dann wird es uns nicht passieren, dass wir diese Güter hoch- und wertschätzen, wenn wir sie verloren haben, während sie uns nichts bedeuteten, solange sie uns gehörten. Was wir nicht haben, das sollten wir nicht deshalb für wertvoll halten, und man sollte sich auch nichts anschaffen, nur weil man es für so großartig hält,[30] und dann in Angst und Schrecken leben, dass man seiner Schätze wieder beraubt wird. Und wenn man solche Dinge dann besitzt, sollte man auch nicht gleichgültig darüber hinwegsehen und so tun, als wären sie gar nichts wert. Wir wollen also den besten Gebrauch davon machen, indem wir Freude und Genuss daran haben. So werden wir auch einen etwaigen Verlust gelassener ertragen.

Die Leute halten es vielfach für durchaus in Ordnung, sich Dingen anderer wie Dichtungen oder Bildern und Statuen mit Hingabe zu widmen und jedes Detail mit Augen und Sinnen aufzufassen und genau zu untersuchen. Aber ihr eigenes Leben, das doch auch vieles durchaus nicht Unerfreuliches zum Betrachten bietet, das lassen sie völlig unbeachtet. Sie schauen immer nur nach außen und bewundern Ruhm und Glück ihrer Mitmenschen – so wie Ehebrecher nur Augen für fremde Frauen haben und sich aus ihren eigenen nichts machen.

10. Dabei ist es für unser Glück und unsere Zufriedenheit sehr wichtig, den Blick vor allem auf die eigene Person und den eigenen Bereich zu richten. Allenfalls können wir noch auf solche schauen, denen es schlechter geht, aber wir dürfen uns niemals, wie das leider die Masse tut, mit Bessergestellten vergleichen. So preisen zum Beispiel die Sklaven in Ketten die Ungefesselten glücklich, jene wieder die Freien, diese aber diejenigen mit dem römischen Bürgerrecht, diese wiederum die Reichen, die Reichen die Provinzstatthalter, diese die Könige, die Könige die Götter, wohl weil sie auch blitzen und donnern wollen. Es schielt also jeder immer nur auf das, was ihm noch fehlt, und er verpasst es dadurch, mit dem glücklich zu sein, was er hat.

Ich mache mir nichts aus Gyges', des goldreichen,
Schätzen,
auch hat mich noch nicht der Neid
gepackt und mich regt auch nicht auf,
was Götter tun, und große Tyrannenmacht begehre
ich nicht:
denn fernab liegt das meinen Augen.[31]

Das war einer aus Thasos, wird man sagen. Aber es gibt andere, sei es einer aus Chios, oder aus Galatien oder Bithynien, der nicht zufrieden ist mit seiner Position, mit dem Ansehen oder dem Einfluss, den er bei seinen Mitbürgern genießt. Nein, er jammert, weil er noch keine römischen Patrizierschuhe trägt. Und wenn er sie trägt, dann klagt er, weil er noch nicht römischer Prätor ist. Hat er schließlich diesen Rang erreicht, dann beschwert er sich, weil er noch nicht Konsul ist. Und wenn er dann Konsul geworden ist, dann lamentiert er, weil er nicht die Ehre hatte, als erster proklamiert zu werden. Was ist das aber anderes, als Vorwände zu sammeln, um unserem Geschick gegenüber undankbar zu sein, wobei wir uns nur selbst ins eigene Fleisch schneiden? Wer aber vernünftig und gesund über das eigene Leben denkt und sich klarmacht, dass die Sonne auf zahllose Myriaden von Menschen herabblickt – der wird nicht dasitzen und Trübsal blasen, weil er weniger reich und angesehen ist als einige andere. Da er inmitten einer so großen Zahl immerhin vieltausendmal angenehmer und glücklicher lebt als viele andere, wird er seinen guten Geist[32] preisen und auf seinem Lebensweg weitergehen.

In Olympia kannst du nicht gewinnen, indem du dir deine Gegner aussuchst. Im Leben erlauben es die Umstände aber, dass du dich vielen überlegen fühlen und dich als einen ansehen darfst, den andere eher beneiden als dass er selbst Grund hat, scheel auf jemand zu blicken. Du musst dir ja nicht gerade [den hundertarmigen Riesen] Briareus oder Herakles als Gegner aussuchen. Wenn du vor Bewunderung erstirbst vor einem Höheren, der da in seiner Sänfte vorbeigetragen wird: dann bück' dich auch einmal, um auf die Sänftenträger zu schauen. Und vielleicht hebst du jemand in den Himmel, wie jener Mann am Hellespont, als er den Perserkönig Xerxes auf einer Schiffsbrücke beim Übergang sah[33] – dann schau auch auf die Männer, die unter der Peitsche das Athosgebirge durchgraben mussten, und auf die, denen Ohren und Nase abgeschnitten wurden, als die Brücke im Sturm zerstört worden war. Stell dir nun auch einmal ihre Gedanken vor: ob sie nicht dich und dein Leben glücklich preisen würden.

Sokrates hörte einmal, wie sich einer seiner Freunde beklagte, Athen sei eine so teure Stadt: »Wein aus Chios kostet eine Mine, ein Purpurgewand drei Minen, ein Gefäß Honig fünf Drachmen.« Da nahm er ihn bei der Hand und führte ihn zum Getreidemarkt: »Ein Scheffel Mehl für eine Obole – die Stadt ist billig!« Dann zu den Olivenhändlern: »So viel Oliven für zwei Kupfermünzen!« Schließlich zu den Kleiderbuden: »Ein Kittel für zehn Drachmen – die Stadt ist billig!«

So sollten wir es auch machen, wenn wir von einem anderen zu hören bekommen, unsere Verhältnisse seien ja wirklich bescheiden und unsere Lage geradezu jammervoll, weil wir weder Konsuln noch Statthalter seien. Antworten wir doch einfach: »Mir geht's prächtig, mein Leben ist beneidenswert: Ich muss nicht betteln, keine Lasten schleppen, brauche mich nicht als Schmeichler durchzubringen.«

11. Aber wir haben nun einmal die dumme Angewohnheit, mehr im Blick auf andere als auf uns selbst zu leben. Die menschliche Natur steckt voller Neid und Missgunst und freut sich nicht so sehr am eigenen Gut, wie sie sich über fremdes Wohlergehen ärgert. Sieh also nicht nur auf die glanzvolle Außenseite bei denen, die du beneidest und bewunderst, sondern zieh einmal den bunten Vorhang des

illustren Lebens weg und schau dahinter – da wirst du sehen, wieviel Übles und Unerfreuliches sich da drin bei den Vielbeneideten findet. Denk nur mal an Pittakos von Mytilene – hochberühmt war er wegen seiner Tapferkeit, ebenso wegen seiner Weisheit und Gerechtigkeit.[34] Er bewirtete einmal Gäste, da kam voller Wut seine Frau herein und stieß den Tisch um. Die Gäste waren betroffen, Pittakos aber sagte: »Es hat jeder von uns seine Last zu tragen. Wer nur die meine hat, dem geht's noch gut.«

Viele Übel solcher Art sind die Anhängsel von Reichtum, Ansehen und königlicher Würde; der Masse bleiben sie verborgen, weil der äußere Schein die Augen blendet.

Wenn wir dies bedenken, dann werden wir unsere Unzufriedenheit mit dem Schicksal etwas eindämmen können, diese ewige Tadelsucht, verbunden mit dem scheelen Blick auf den Nachbarn, was uns die Freude am eigenen Guten verdirbt, ja vernichtet.

12. Ganz besonders störend wirkt es sich auf unser inneres Gleichgewicht [die *euthymía*] aus, wenn wir unsere Ziele nicht unseren Möglichkeiten anpassen, so wie der Seemann das Segel dem Wind anpasst. Wir setzen uns zu hohe Ziele, und wenn wir dabei Schiffbruch erleiden, machen wir unsern bösen Dämon und unser Schicksal dafür verantwortlich statt unsere eigene Torheit. Wer mit dem Pflug schießen und mit dem Ochsen den Hasen jagen will, ist kein Opfer eines schlimmen Schicksals. Und wer mit dem Fischergarn oder mit Schleppnetzen keine Hirsche und Wildschweine fängt, dem tritt kein böser Dämon entgegen; er hat vielmehr in seiner eignen Dummheit und Unüberlegtheit Unerreichbares in Angriff genommen.

Hieran ist hauptsächlich die Eigenliebe schuld. Sie verführt die Menschen dazu, immer die Ersten, immer und überall Sieger sein zu wollen und in unersättlicher Begierde nach allem zu greifen. Sie wollen nicht nur gleichzeitig reich und gelehrt und stark sein, begehrte Gesellschafter, allseits beliebt, Freunde von Königen, Stadtoberhäupter – nein, wenn sie nicht auch noch Hunde und Pferde, Wachteln und Hähne besitzen, die erste Preise gewinnen, dann haben sie gar keine Freude am Leben!

Der ältere Dionysios war nicht zufrieden damit, die mächtigste Tyrannenherrschaft seiner Zeit innezuhaben, nein, weil er nicht bessere Verse machte als der Dichter Philoxenos und weil er Platon nicht übertraf im philosophischen Disput, geriet er in Zorn und Erbitterung. Den Philoxenos schickte er in die Steinbrüche,[35] Platon machte er zum Sklaven, indem er ihn auf ein Schiff nach Ägina bringen ließ.[36] Alexander war kein solcher Tyrann, aber als Krison, der berühmte Läufer, mit ihm einen Wettlauf machte und es herauskam, dass er von sich aus sein Tempo vermindert hatte, da nahm ihm Alexander dies sehr übel. Gut lässt der Dichter den Achilleus sagen:

Ich, als einer wie keiner der erzgeschirmten Achäer,

und hinzufügen:

In der Schlacht, doch im Rate sind auch andere besser.[37]

Als der Perser Megabyzos in die Malerwerkstatt des Apelles kam und anfing, seine Ansichten über Kunst zum Besten zu geben, da brachte ihn Apelles zum Verstummen, indem er sagte: »Solange du den Mund hieltest, schienest du wer zu sein, mit deinem Gold und Purpur. Nun aber lachen sogar die Burschen, die die Farben reiben, über dein Geschwätz.« Manche halten es für einen Scherz, wenn sie hören, dass bei den Stoikern der Weise nicht nur verständig, gerecht und tapfer ist, sondern auch noch ein Redner, ein Dichter, ein Feldherr, ein Reicher und ein König.[38] Und sie erheben auch Anspruch auf alle diese Fähigkeiten und nehmen es schwer, wenn sie sie nicht erlangen. Dabei ist es selbst bei den Göttern so, dass der eine diese, der andere jene Kraft besitzt: Der eine heißt der Kriegerische [Ares], der andere der Seher [Apollon], wieder einer der Gewinnbringende [Hermes], und Aphrodite wird von Zeus zu Hochzeit und Brautgemach geschickt, da sie keinen Anteil habe am Kriegshandwerk.[39]

13. Es gibt ja nun einmal Beschäftigungen, die nicht miteinander gedeihen, sondern von gegensätzlicher Natur sind. So ist es auch mit der Übung in der Redekunst sowie dem Studium der Wissenschaften: Dafür braucht man Ruhe und Zurückgezogenheit. Erfolg in der Politik und die Freundschaft von Königen kann man nicht erreichen ohne rastlose Geschäftigkeit. Und Wein trinken und Fleisch in Menge verzehren macht den Körper stark und kräftig, den Geist aber schwach, wie man sagt. Wer sich beständig ums Geld kümmert und es zusammenhält, mehrt seinen Reichtum. Wer aber darüber erhaben ist und den Mammon verachtet, der schafft sich damit das Reisegeld für den Weg zur Philosophie.

So ist es nun einmal: Es passt einfach nicht alles für jeden. Man sollte den Spruch Apollons von Delphi beherzigen, nämlich sich selbst kennenzulernen und sich dann auf das eine verlegen, wofür man von Natur geeignet ist, ohne sich dahin und dorthin zu anderen Lebensformen ziehen zu lassen und dieser Natur Gewalt anzutun.

Wer sich aber ärgert und grämt, dass er kein Löwe ist,

> vom Gebirg', seiner Stärke vertrauend,[40]

und zugleich ein Malteserhündchen, das eine einsame Witwe auf ihrem Schoß hätschelt – ja, dem ist nicht zu helfen. Keinen Deut besser ist einer, der zur gleichen Zeit ein Empedokles oder ein Platon oder Demokrit sein will, Schriften verfassen über das Universum und die wahre Natur der Dinge – aber auch ein Euphorion, verheiratet mit einer reichen alten Dame, und schließlich noch ein Medios, ein Zechgenosse Alexanders. Und sich dann noch aufregen, weil man nicht wegen seines Reichtums bewundert wird wie [der Flötenspieler] Ismenias oder wegen seiner Tapferkeit und Tugend wie Epaminondas! Schließlich fühlen sich doch die Läufer im Stadion auch nicht entmutigt, weil sie nicht die Siegeskränze der Ringkämpfer erringen, sondern sie freuen sich voller Stolz an ihren eigenen.

> Dir wurde Sparta zuteil, das schmücke aus![41]

Und Solon sagt:

> [Oft sind die schlechten Menschen reich, und arm
> sind die Guten;]
> dennoch wünschen wir nicht einzutauschen ihr Los,
> Reichtum anstelle von Tugend, wo diese doch ständig
> uns treu bleibt,

während das Geld und das Gut oftmals ein andrer
erhält.[42]

Als [der Akademiker] Straton, der sich mit naturwissenschaftlichen Studien befasste, hörte, dass [der Kyniker] Menedemos viel mehr Schüler hatte als er, sagte er: »Ist das ein Wunder, dass es mehr gibt, die ein warmes Bad nehmen möchten als sich einölen lassen für den Wettkampf?« Und Aristoteles schrieb an Antipater:[43] »Nicht Alexander allein hat Grund, stolz zu sein, weil er über so viele Menschen herrscht, sondern ebenso auch diejenigen, die die rechten Vorstellungen über die Götter haben.« Wer so hoch von dem Seinigen denkt, wird sich nicht aufregen über das, was seine Nachbarn haben. Wir erwarten ja auch nicht, dass der Weinstock Feigen trägt oder der Ölbaum Trauben. Aber was machen wir? Wenn wir nicht alles Gute auf einmal haben: reich und gelehrt sein, Feldherr und Philosoph, zugleich Schmeichelredner und Freigeist, das Geld horten und ausgeben – dann klagen wir uns selber an, sind unzufrieden, verachten uns selbst, als ob wir ein ganz armseliges Leben führten.

Außerdem sehen wir doch, dass die Natur uns den gleichen Weg weist. Sie hat ja auch den Tieren jeweils verschiedenes Futter zugedacht und lässt nicht alle Fleisch fressen, Körner picken und Wurzeln ausgraben. So hat sie auch den Menschen eine bunte Fülle von Lebensmöglichkeiten gegeben. Der eine hütet die Schafe, der andere bebaut das Feld, der stellt den Vögeln nach und dem gibt das Meer seinen Unterhalt. Daher müssen wir das zu uns Passende wählen, es herauszubilden suchen und uns um die Lebensart der anderen nicht kümmern. Und wir sollten nicht noch über den Spruch des Hesiod hinausgehen wollen. Er sagt:

> Und zwischen Töpfer und Töpfer ist Groll, zwischen
> Zimmerer und Zimmerer.[44]

Es herrscht ja nicht nur unter denen, die das gleiche Handwerk betreiben oder die gleiche Lebensweise führen, solche Eifersucht; es beneidet vielmehr auch der Reiche den Gelehrten, der Berühmte den Reichen, der Rechtsgelehrte den Redner, und wahrhaftig, Freie und Vornehme schauen mit neidvoller Bewunderung auf erfolgreiche Komödianten im Theater und Tänzer und Diener am Hofe von Königen. Damit schaffen sie sich selbst nicht geringen Kummer und Beunruhigung.

14. Dabei hat doch jeder in sich selbst eine Vorratskammer für Wohlbefinden oder Missstimmung. Die beiden Fässer mit Gutem und Bösem stehen nicht »auf der Schwelle des Zeus«[45], sondern in unserem eigenen Innern. Das zeigt sich an den unterschiedlichen Reaktionen der Menschen. Die Unvernünftigen sehen nämlich über das Gute, das sie haben, hinweg und vernachlässigen es: Sie sind mit ihren Gedanken immer bereits in der Zukunft. Die Vernünftigen aber machen sich das Gute, selbst wenn es nicht mehr da ist, in ihrer Erinnerung lebendig und gegenwärtig. Die Gegenwart mit ihrem Guten, die wir nur einen ganz kurzen Zeitraum lang berühren dürfen und die dann unserer Wahrnehmung entflieht, die scheint für Unvernünftige gar nicht zu uns zu gehören. Das ist wie bei dem Bild des Mannes im Hades, der ein Seil knüpft und einem in der Nähe weidenden Esel erlaubt, das Geflochtene jeweils wieder

aufzufressen.[46] So ist es auch mit diesem gedankenlosen und undankbaren Vergessen, das sich bei so vielen ausbreitet und alles ins Nichts auflöst, jede Tat, jeden Erfolg, jede angenehme Mußezeit, ein Beisammensein und eine Erholung. Dadurch wird verhindert, dass das Leben eine Einheit bildet, wobei Gegenwart und Vergangenheit verwoben sind. Wenn aber dieser Lethestrom des Vergessens das Gestern vom Heute trennt und das Morgen ebenso, als wäre es nicht das Gleiche wie das Heute, dann wird dadurch jedes Geschehen geradewegs ins Ungeschehene entrückt, indem man sich nicht mehr erinnert. Diejenigen, die in den Philosophenschulen das Prinzip des Wachsens und des Aufstiegs leugnen, da das Sein in beständigem Fluss sei, die zerlegen doch theoretisch unser Selbst in immer andere Personen.[47] Und die in der Erinnerung Früheres nicht bewahren und an sich nehmen, sondern alles davonfließen lassen, die machen sich tatsächlich selbst tagtäglich bedürftig und leer und müssen sich ans Morgen anklammern, als ob das, was im vorigen Jahr und vorgestern und gestern geschehen ist, in keiner Beziehung zu ihnen stehe oder überhaupt nicht in ihrem Leben stattgefunden habe.

15. Das ist nun etwas, das sich störend auf unser Glücksempfinden und unsere Seelenruhe auswirkt. Und da gibt es noch etwas anderes, das noch störender ist: So wie die Fliegen auf den glatten Flächen von Spiegeln ausrutschen, aber Halt finden auf einer raueren und von Kratzern durchzogenen Oberfläche, so lassen sich die Menschen hinwegtreiben von heiteren und angenehmen Erinnerungen und verstricken sich in die unangenehmen. Noch besser kann man es vergleichen mit Folgendem: Da gibt es, so sagt man, in Olynth einen Platz, der »Käfertod«

genannt wird, wo Käfer hineingeraten und nicht wieder herauskommen können, sondern sich dort immerzu im Kreise drehen, bis sie tot sind. So lassen sich manche Menschen in das schwarze Loch ihrer bösen Erinnerungen fallen und wollen sich nicht mehr davon erholen oder wieder zu sich kommen. Wie bei einem Gemälde die Farben, so muss man auch in der Seele die Erlebnisse und Erinnerungen anordnen: Alles Heitere und Leuchtende kommt in den Vordergrund, das Düstere wird verdeckt und in den Hintergrund gedrängt. Es ganz und gar auszulöschen und zum Verschwinden zu bringen, das geht ja nicht.

»Die Harmonie der Welt besteht, so wie die der Leier und des Bogens, aus widerstreitenden Kräften«,[48] und auch im menschlichen Leben ist nichts ganz rein und unvermischt. Es gibt in der Musik tiefe und hohe Töne, in der Sprache stimmhafte und stimmlose Laute, und ein Künstler in der Musik oder in der Sprache ist keiner, der eines von beiden ablehnt und vermeidet, sondern wer alles zu verwenden und in passender Weise zu verbinden weiß. So liegt auch den menschlichen Dingen das Prinzip des Gegensatzes zugrunde, wie es bei Euripides heißt:

> Nicht kommt getrennt in reiner Form vor Gut und Böse,
> Es gibt nur eine Mischung, wenn es gut sein soll.

Also sollten wir nicht mutlos werden und aufgeben, sondern es machen wie die Musiker, die eine Harmonie herstellen, indem wir immer das Schlechtere durch Besseres abmildern und das weniger Gute mit Gutem umgeben, so dass daraus eine harmonische und für uns passende Mischung des Lebens entsteht. Es ist nämlich nicht so, wie Menander sagt:

> Jedwedem Menschen tritt, wenn er geboren,
> Ein Dämon an die Seite, guter Führer
> Für ihn durch das Geheimnis dieses Lebens.[49]

Es ist eher so, wie bei Empedokles[50], dass zwei Schicksalsgottheiten, Moiren oder Dämonen, als Gegensatzpaare jeden von uns bei seiner Geburt in Empfang nehmen und geleiten:

> Da waren die Erdfrau und die weitschauende Sonnenblickfrau, die blutige Zwietracht und die ernst blickende Eintracht, Frau Schön und Frau Hässlich, Frau Hurtig und Frau Spät, die liebreiche Wahrhaftigkeit und die schwarzäugige Verworrenheit.[51]

16. Folglich erhalten wir bei unserer Geburt eine Mischung der Keime zu jedem dieser Affekte, was zu der großen Zwiespältigkeit unserer Natur führt. Daher wünscht sich nun ein vernünftiger Mensch jeweils das Bessere, rechnet aber ebenso mit dem Gegenteil und versucht, mit beidem fertigzuwerden, wobei er jedes Übermaß vermeidet. Nicht nur, »wer am wenigsten vom Morgen erwartet, kann sich am meisten aufs Morgen freuen«, wie Epikur sagt.[52] Auch an Reichtum, Ruhm, Macht und Einfluss können sich diejenigen am meisten erfreuen, denen es am wenigsten ausmacht, wenn sich diese Vorteile in ihr Gegenteil verkehren. Denn je stärker die Begierde nach all diesen Dingen ist, desto größere Furcht flößt sie ein vor einem etwaigen Ver-

lust und lässt die Freude daran schwach und schwankend werden wie eine Kerze im Wind. Wen die Vernunft befähigt hat, dem Schicksal ohne Furcht und Zittern gegenüberzutreten und zu sagen:

Willkommen, wenn du etwas Gutes bringst, doch kein großer Kummer, wenn du mich im Stich lässt – der hat den größten Gewinn von seinen gegenwärtigen Gütern, denn standhaft und unerschütterlich wie er ist, fürchtet er nicht, dass ein Verlust für ihn untragbar wäre.

Wir kennen den Ausspruch des Philosophen Anaxagoras beim Tod seines Sohnes: »Ich wusste, dass ich einen Sterblichen gezeugt hatte.«[53]

Diesen Ausspruch können wir nicht nur bewundern, sondern ihn für uns für jeden Schicksalsschlag ähnlich formulieren: »Ich weiß, dass der Reichtum, den ich habe, ein vergängliches und unbeständiges Gut ist.« – »Ich weiß, dass mir mein Amt von denen wieder genommen werden kann, die es mir gegeben haben.« – »Ich weiß, dass meine Frau zuverlässig ist, aber eben doch eine Frau – und mein Freund ist auch nur ein Mensch«, »ein Geschöpf, das von Natur aus dem Wandel zugeneigt ist,« wie Platon sagt.[54] Solcherart vorbereitet und eingestimmt wird man dann, wenn etwas zwar unerwünscht, aber nicht unerwartet kommt, nicht solche Redensarten gebrauchen wie: »Das hätte ich nie gedacht!« – und: »Das hatte ich mir nicht so vorgestellt!« – sowie: »Darauf war ich nicht gefasst!« Mit unseren Vorsätzen können wir dagegen angehen, wenn etwa das Herz klopft und das Blut in Wallung gerät, und können das verstörte, außer Fassung geratene Gemüt rasch wieder festigen.

Der Philosoph Karneades[55] wies darauf hin, dass bei einschneidenden Ereignissen der Kernpunkt immer das Unerwartete daran ist, was zu Kummer und Mutlosigkeit führt. Zum Beispiel war das Königreich von Makedonien unendlich viel kleiner als das Römische Reich. Doch als König Perseus Makedonien verlor,[56] stimmte er Wehklagen an über sein böses Geschick, und jeder hielt ihn für den Unglücklichsten und Unseligsten aller Menschen. Als aber sein Besieger Aemilius Paulus sein Oberkommando – das praktisch die Herrschaft über alle Länder und Meere umfasste – an einen anderen abtrat, da ließ er sich bekränzen und opferte den Göttern und wurde glücklich gepriesen. Aus gutem Grund, denn er war sich bewusst, ein Kommando übernommen zu haben, das er eines Tages wieder abgeben müsste. Perseus dagegen hatte nicht damit gerechnet, sein Königtum zu verlieren. Homer gibt uns ein gutes Beispiel für die Macht des Unerwarteten. Odysseus vergießt nämlich Tränen, als er von seinem Hund erkannt und begrüßt wird, aber er sitzt ohne Regung neben seiner weinenden Frau.[57] Zur Begegnung mit seiner Gattin kam er nämlich, nachdem er alles im Voraus durchdacht und dadurch seine Gefühle unter Kontrolle gebracht und ihnen gewissermaßen vorgebaut hatte. In die andere Situation geriet er jedoch unerwartet, ganz plötzlich und überraschend.

17. Allgemein lässt sich sagen, dass zwar unerwünschte Ereignisse durch die Art und Weise ihres Auftretens Kummer und Bedrückung bringen, aber meistenteils ist doch unsere falsche Vorstellung schuld, durch die wir uns prägen lassen und uns angewöhnen, darüber verdrießlich zu sein.[58] So ist es wohl nicht ohne Nutzen, uns dagegen mit dem Vers des Menander zu wappnen:

Nichts, was dich trifft, ist schlimm, wenn du's nicht
dazu machst.

Er will damit gleichzeitig sagen: Was macht das für dich aus, wenn weder Körper noch Geist in Mitleidenschaft gezogen sind, wenn es sich nur um Dinge handelt wie die nichtadlige Abstammung deines Vaters, den Ehebruch deiner Frau oder die Aberkennung eines Ehrenkranzes oder des Ehrenplatzes in der Öffentlichkeit? Solche Vorkommnisse hindern den Menschen doch wohl nicht daran, körperlich und geistig in bester Verfassung zu sein. Und was die Dinge angeht, die uns durch ihre besondere Art und Weise zu bekümmern scheinen – wie Krankheit, Not und Pein, der Tod von Freunden und von Kindern, dagegen nehmen wir uns den Vers des Euripides zur Hand:

Ach! – Wieso Ach? Was Menschen trifft, das stieß
uns zu.

Kein anderes vernunftgemäßes Argument kann uns, wenn wir seelisch angeschlagen sind, so sehr wieder aufrichten wie dieses: Es gemahnt uns an die allen gemeinsamen unausweichlichen Gegebenheiten der menschlichen Natur. Durch seine Verbindung mit dem Körperlichen bietet der Mensch dem Schicksal hier eine, aber auch die einzige Angriffsfläche; in den maßgebenden und wichtigsten Zügen seines Wesens aber steht er unerschütterlich da.[59]

Als Demetrios die Stadt Megara eingenommen hatte, fragte er [den Philosophen] Stilpon, ob etwas von seiner Habe geplündert worden sei. Stilpon antwortete: »Ich habe niemanden etwas wegschleppen sehen, was mein war.«[60]

Wenn uns daher auch das Schicksal alles raubt und hinwegnimmt, so haben wir doch immer noch etwas in uns,

> Was die Achäer nicht davon mir trügen oder
> entführten.[61]

Daher sollten wir die menschliche Natur nicht in den schwärzesten Farben malen, als ob sie nichts Starkes und Beständiges besäße und nichts, was dem Schicksal Trotz bietet. Ganz im Gegenteil – wir wissen, dass der Mensch nur zu einem geringen Teil schwach und hinfällig und damit dem Schicksal ausgeliefert ist. Über unser besseres Teil führen wir das Regiment, und dort sind unsere wichtigsten Güter fest verwahrt: rechte Vorstellungen, Wissen und die Grundsätze, die zur Tugend hinführen. All das kann seinem Wesen nach nicht geraubt und nicht vernichtet werden.[62] In diesem Bewusstsein können wir unerschrocken und zuversichtlich in die Zukunft schauen und zum Schicksal sagen, was Sokrates scheinbar zu seinen Anklägern, in Wahrheit aber zu seinen Richtern sagte: »Anytos und Meletos können mich zwar töten, aber sie können mir keinen Schaden zufügen.«[63] Das Schicksal kann uns in der Tat mit einer Krankheit schlagen, uns Hab und Gut wegnehmen, uns verleumden beim Volk oder beim Herrscher. Aber schlecht, feige, niedrig und unedel oder neidisch kann es jemanden nicht machen, der gut, mutig und hochherzig gesinnt ist. Und es kann uns auch nicht die rechte Einstellung rauben, die, wenn wir sie stets bei und in uns haben, eine größere Hilfe ist, um das Leben zu bestehen, als ein Steuermann auf See. Der kann ja nicht Wind und Wellen besänftigen und nicht immer einen Hafen finden, wo er will, noch kann er mit Zuversicht und unverzagt dem Toben der Elemente zusehen. Solange er noch nicht aufgegeben hat, bedient er sich seiner Kunst, um dem Sturm zu entgehen, wenn ihn aber die Wogen überfluten, dann sitzt er da, zitternd und zagend. Wer eine vernünftige Einstellung hat, der wendet seine Kräfte an, um dem Körper möglichst viel Ruhe zu verschaffen; mit Enthaltsamkeit, einer gesunden Lebensweise und maßvoller Anstrengung sucht er Krankheitsursachen zu vermeiden. Wenn sich aber von außen her irgendein Übel zeigt, so wie eine Klippe im Meer auftaucht, dann fährt er mit gerefften Segeln rasch daran vorbei. Kommt aber ein schweres, unvorhergesehenes Unheil über ihn und überwältigt ihn, dann hat er in der Nähe den Hafen, zu dem er schwimmen kann, weg von seinem Körper wie von einem leck gewordenen Schiff.

18. Es ist nämlich die Furcht vor dem Tod, und nicht die Begierde, weiterzuleben, was den Unvernünftigen an seinem Körper hängen lässt – den er umschlingt wie Odysseus den Feigenbaum, aus Furcht vor der unter ihm rauschenden Charybdis[64] –, wo der Wind weder zu bleiben erlaubt noch weiterzusegeln. Das eine behagt ihm nicht und das andere erfüllt ihn mit Furcht.

Wer aber nur einigermaßen die Natur der Seele kennt und bedenkt, dass die Veränderung beim Sterben zu einem besseren[65] oder jedenfalls zu keinem schlechteren Zustand führt, der besitzt kein geringes Hilfsmittel für seine Seelenruhe, indem er den Tod nicht fürchtet. Wer nämlich unter der Führung und Leitung der Tugend als seines ihm innewohnenden Teils der Seele angenehm lebt, kann sich von allen ihm fremden und ihn überwältigenden Umständen ohne Furcht freimachen mit den Worten:

Befreien wird mich der Gott selbst, sobald ich will[66] –

wie könnte den, was glauben wir, noch etwas treffen, das ihn plagt, ihn bekümmert oder verwirrt? Denn wer sagt: »Ich bin dir zuvorgekommen, Schicksalsgöttin, und habe dir jeden Zutritt verschlossen«,[67] der hat sich nicht auf Riegel und Schlösser und Mauern verlassen, sondern auf Lehren und Grundsätze, wie sie sich jeder aneignen kann, der will. Und wir brauchen keinen Zweifel oder Unglauben zu haben gegenüber diesen Lehrsätzen, sondern sollten sie bewundern, ihnen nacheifern und uns davon inspirieren lassen und selber an uns einen Versuch im Kleinen machen, mit dem Blick auf Größeres. Vor dieser »Sorge für die Seele«[68] sollten wir nicht zurückscheuen und sie von uns weisen und uns herausreden mit den Worten: »Aber es gibt wohl nichts, was schwerer ist als gerade das.« Denn eine Seele wird matt und weichlich, wenn sie sich immer nur mit dem Allerleichtesten beschäftigt und sich vor allem Schwierigen und Unerwünschten in eine bequeme Ecke zurückzieht. Wer aber seine Seele darin übt, sich Bilder von Krankheit, Leiden und Verbannung vor Augen zu stellen, und sich mit Hilfe der Vernunft jedem dieser Übel zu widersetzen, der wird finden, dass bei dem, was schwierig und furchteinflößend scheint, vieles falsch, nichtig und unbegründet ist. Das lässt sich bei einer ins Einzelne gehenden Untersuchung zeigen.[69]

19. So manchen schaudert es bei Menanders Vers über die Unberechenbarkeit des Schicksals:

Keiner, der lebt, kann sagen: Dieses Leid trifft
mich nicht!

Wen das beunruhigt, der weiß nicht, wieviel sich zur Abhärtung gegen Kummer und Leid tun lässt durch geistige Übung, die uns befähigt, der Schicksalsgöttin mit offenen Augen ins Gesicht zu sehen und sich nicht einzuspinnen in Fantasien von einem Leben auf den Inseln der Seligen, mit leeren Hoffnungen, die sich niemals greifen lassen und jede Widerstandskraft lähmen. Es lässt sich auf Menanders Wort durchaus antworten: Ja, keiner, der lebt, kann sagen, das trifft mich nicht – aber wer lebt, kann auch sagen: »Das werd' ich nicht tun, nicht lügen, verantwortungslos handeln, keinen berauben oder hintergehen.«

Dies alles steht ja in unserer Macht und trägt gewiss nicht wenig zu unserer Seelenruhe bei. Denn auf der anderen Seite gibt es

Gewissensnot: Ich bin der Untat mir bewusst,[70]

und ihr entspringt die Reue, die wie ein Geschwür im Fleisch in der Seele einen steten Wundschmerz verursacht. Jedes andere seelische Leiden heilt der Geist, die Reue aber ruft er selbst hervor, die verbunden mit einem Gefühl der Scham an der Seele nagt, wodurch sie sich selbst bestraft. So wie die Kranken, die im Fieber von Schüttelfrost und Hitzewallungen geplagt werden, mehr leiden als Gesunde, die draußen im Freien der Kälte oder Hitze ausgesetzt sind, so sind auch die Leiden über ein Missgeschick, das uns gewissermaßen von außen her zustößt, leichter zu ertragen. Die Klage aber:

Nein, kein andrer ist schuld hieran, ich bin es ja selber! –

diese Klage, die man über seine eigenen Verfehlungen anstimmen muss und die von innen heraus kommt, vertieft den Schmerz noch durch ein Gefühl der Scham. Daher kann weder ein prächtiges Haus noch Reichtum an Gold, eine vornehme Herkunft oder ein hoher Rang, auch keine glänzende, hinreißende Redegabe eine solche heitere Ruhe wie eine Meeresstille[71] über das Leben verbreiten wie eine Seele, die frei ist von bösem Tun und Denken. Sie erhält sich damit den Lebensquell, den Charakter, frei von Unruhe und Unreinheit. Daraus fließen dann die rechten Taten, ausgeführt mit Begeisterung, einer heiteren Seelenfreude und Hochgestimmtheit und ihnen folgend eine Erinnerung, süßer und beständiger noch als »die das Alter nährende Hoffnung« bei Pindar.[72]

Wenn schon die Weihrauchfässer, wie der Philosoph Karneades[73] sagt, noch lange nach ihrer Leerung den Duft bewahren, wie sollten da nicht auch in der Seele des Verständigen die rechten Taten eine stets angenehme und ewig frische Erinnerung hinterlassen, als Nährboden für eine Freude am Dasein. Wir können dann nur den Kopf schütteln über die Unvernünftigen, die klagen und schimpfen über das Leben als ein Jammertal oder einen Verbannungsort für die Seelen.

20. Da lobe ich mir Diogenes! Als er sah, dass sein Gastfreund in Sparta mit großem Aufwand Vorbereitungen für ein Fest traf, sagte er: »Sollte ein rechtschaffener Mensch nicht jeden Tag für einen Festtag halten?« Und für einen wahrhaft glänzenden, wenn wir es recht überlegen. Ist doch die Welt ein hochheiliger Tempel und wirklich eines Gottes würdig. In diesen Tempel aber wird der Mensch durch seine Geburt hineingeführt, nicht um von Menschenhand

gemachte, unbewegliche Bildsäulen zu betrachten, sondern sichtbare Dinge, die der göttliche Weltgeist, wie Platon sagt,[74] als Abbilder des Unsichtbaren und Geistigen aufgestellt hat und in die der Ursprung des Lebens und der Bewegung gelegt ist, ich meine Sonne, Mond und Sterne, die Flüsse, die ständig frisches Wasser entsenden, und die Erde, die Nahrung für Pflanzen und alle Geschöpfe hervorbringt. So muss das Leben, als die Einweihung und höchste Feier der heiligsten Geheimnisse der Welt,[75] von Seelenruhe und Frohsinn getragen sein. Wir sollten es nicht machen wie die Masse, die auf bestimmte Feste wie die römischen Saturnalien oder die griechischen Dionysien und die Panathenäen oder ähnliche Tage wartet, um sich zu freuen und zu erholen, und Geld bezahlt für gekauftes Lachen von Spaßmachern und Gauklern. Bei solchen Festen aber sitzen wir ganz ruhig und feierlich da. Keiner käme auf die Idee zu jammern, wenn er in die Mysterien eingeweiht wird, oder zu trauern, wenn er die pythischen Spiele [in Delphi] besucht oder am Saturnalienfest [in Rom] einen Umtrunk hält. Die Feste aber, die der Gott uns ausrichtet und in die er uns einweiht, die entweihen wir, indem wir den größten Teil jammernd, missmutig und niedergeschlagen verbringen. An Musikinstrumenten freut man sich, wenn sie angenehm klingen, Vögeln lauscht man, wenn sie singen. Tieren schaut man gerne zu, wenn sie spielen und herumspringen, man wendet sich jedoch ab, wenn sie brüllen und heulen und grimmig dreinschauen. Wenn unser eigenes Leben aber einen traurigen, kummervollen Anblick bietet, mit höchst unerfreulichen Zuständen und Ereignissen, mit Sorgen ohne Ende, die uns bedrücken und bedrängen – warum schaffen wir uns da nicht selbst einmal eine

Atempause und Erleichterung? Ja woher denn, sagen wir. Aber selbst wenn andere uns mahnen und uns zureden, wollen wir ihre guten Ratschläge nicht annehmen. Dabei könnten wir sie uns doch zunutze machen: Dann werden wir uns ohne Wenn und Aber mit der Gegenwart abfinden, uns dankbar der Vergangenheit erinnern und die Zukunft ohne Furcht und Bangen, dafür mit frohgestimmter Hoffnung auf uns zukommen lassen.

II Kann die Tugend gelehrt werden?

[Nach Plutarch ist die Tugend Voraussetzung für ein glückliches Leben. Aber wie erlangt man sie?]

1. Wenn wir uns die Tugend zum Thema nehmen, dann gehen wir dabei der Frage nach, ob Vernunft, Rechtlichkeit und ein glückliches Leben gelehrt werden können. Da wundern wir uns aber doch, dass man zahllose Leistungen von Rednern, Steuerleuten, Musikern, Architekten und Landleuten kennt, vorbildliche Männer aber nur so genannt und erwähnt werden, als vager Begriff, wie man von Zentauren, Giganten oder Zyklopen als einer seltenen Spezies spricht. Ein Werk, in Bezug auf die Tugend ohne Fehl und Tadel – das ist anscheinend nicht zu finden, auch kein Charakter, unbefleckt von Leidenschaften, und ein Leben, das unberührt von allem Üblen ist. Und hat die Natur einmal von sich aus etwas Gutes und Schönes hervorgebracht, dann verschwindet es hinter dem vielen, was von außen störend hinzukommt, so wie wenn sich das Getreide mit wildem Unkraut mischt.[76]

Menschen lernen die Harfe spielen, tanzen, Buchstaben lesen, das Feld bebauen und reiten; sie lernen, sich die Sandalen anzuziehen und ihre Kleidung ordentlich anzulegen. Sie werden gelehrt, wie man Wein einschenkt[77] und Speisen zubereitet. Diese Dinge kann man, ohne sie vorher gelernt zu haben, nicht ordentlich machen – wofür wir aber all das brauchen, nämlich für ein rechtes Leben – soll das keiner Lehre, keiner Vernunft, keiner Kunstfertigkeit bedürfen, sondern einfach dem Zufall überlassen sein?

2. Ach ihr Menschen! Warum behaupten wir, die Tugend lasse sich nicht lehren – wir rauben ihr damit doch

ihre Existenz! Denn wenn durch Lernen etwas entsteht, dann wird durch das Verhindern des Lernens alles vernichtet. Zwar wird [bei dem, was wir lernen], wie Platon sagt[78], wenn da ein Versfuß nicht stimmt beim Vortrag zur Lyra und die Harmonie stört, kein Bruder mit dem Bruder, kein Freund mit dem Freund in Streit geraten, noch ein Staat sich mit dem anderen so verfeinden, dass sie sich die schlimmsten Übel zufügen und sie erleiden. Und man kann auch nicht sagen, es sei ein Bürgerzwist ausgebrochen in einer Stadt über die Frage, ob man *Telchínen* oder *Télchinen* lesen solle.[79]

Im Haus wird kein Streit entstehen zwischen Mann und Frau über den Einschlagfaden am Webstuhl.[80] Und doch wird keiner an einen Webstuhl gehen oder ein Buch oder eine Lyra zur Hand nehmen, wenn er nicht gelernt hat, damit umzugehen. Er würde sich dabei freilich keinen großen Schaden zuziehen, aber er müsste sich schämen, ausgelacht zu werden. Heraklit sagt ja, seine Unwissenheit solle man besser verbergen. Andererseits bildet man sich ein, man könne in der Ehe, im Staatswesen oder in einem Amt alles bestens besorgen, ohne gelernt zu haben, wie man umgeht mit einer Ehefrau, mit Dienerschaft, mit den Mitbürgern, den Untergebenen oder den Machthabern. Diogenes gab dem Erzieher eines Knaben, der gierig sein Essen verschlang, eine Ohrfeige. Er gab dabei ganz richtig die Schuld nicht dem Lernenden, sondern dem Lehrer. Man kann ja nun nicht anständig mit anderen zusammen aus einer Schüssel essen oder aus einem Becher trinken, wenn man das nicht gleich von Kindheit an gelernt hat, und, wie Aristophanes sagt:

nicht albern zu kichern, sich nicht mit Leckerbissen
vollzustopfen noch die Beine übereinander
zu schlagen.[81]

Wie soll man nun aber in einer Gemeinschaft leben, ohne Anstoß zu erregen: in einem Haushalt, einer Stadtgemeinde, einer Ehe oder überhaupt im privaten und öffentlichen Leben, wenn man nicht gelernt hat, wie man miteinander umzugehen hat?

Aristipp wurde von jemand gefragt: »Du bist wohl überall?« Er antwortete lächelnd: »Da würde ich wohl auch noch mein Fährgeld verlieren, wenn ich wirklich überall wäre.«[82] Warum kannst du nun nicht ebenso sagen: »Wenn die Menschen durch Belehrung nicht besser werden, dann ist der Lohn für die Lehrer verloren.« Diese sind ja die Ersten, die das Kind von der Mutter weg in Empfang nehmen, und so wie die Ammen seinen Körper mit ihren Händen formen und strecken, so bilden und formen sie den Charakter durch die Gewohnheiten, die sie als erste Spur der Tugend eindrücken.[83] Ein Spartaner gab auf die Frage, was er denn als Lehrer zu bieten habe, zur Antwort: »Ich mache das Gute für die Kinder angenehm.« Was für Lehren geben sie denn den Kindern: auf der Straße mit gesenktem Kopf zu gehen,[84] gesalzenes Fleisch nur mit einem Finger zu berühren, mit zwei Fingern aber Fisch, Brot und Fleisch,[85] sich so und so hinzusetzen und so ihre Kleidung zu tragen.

3. Wie nun? Da behauptet einer, die Kunst des Arztes könne ihn von Flechten und Nagelgeschwüren heilen, aber nicht von Rippenfellentzündung, Fieber oder Hirnhautentzündung – gibt es da einen Unterschied zu einem, der

behauptet, es gäbe Schulen, Lehren und Vorschriften für die geringen Anforderungen der Kinder – für die höheren und wichtigeren aber gäbe es nur ein planloses Treiben, ganz dem Zufall überlassen? So macht sich doch auch einer lächerlich, der sagt, man müsse das Rudern erlernen, ein Schiff zu steuern brauche man aber nicht zu lernen. So ist es auch mit einem, der zugibt, dass die anderen Künste Unterricht benötigen, der Tugend entzieht er diesen aber. Er macht es gerade umgekehrt wie die Skythen. Diese blenden nämlich, wie Herodot sagt,[86] ihre Sklaven, damit sie bei ihnen bleiben; wer so argumentiert, der setzt gewissermaßen den Künsten mit Dienst- und Hilfsfunktion ein Auge ein, raubt es aber der Tugend.

So hat ja Kallias, der Sohn des Chabrias, den Feldherrn Iphikrates[87] gefragt: »Wer bist du? Bogenschütze, Leichtbewaffneter, Reiter oder Schwerbewaffneter [Hoplit]?« Und dieser antwortete: »Keiner von denen, sondern der eine, der diesen allen befiehlt!« Das wäre doch zum Lachen, wenn jemand erklärte, die Kunst des Bogenschießens, oder des Kämpfens in schwerer Rüstung, eine Schleuder zu bedienen, ein Schlachtross zu reiten, das lasse sich erlernen. Die Kunst aber, ein Heer zu kommandieren und es in einer Schlacht taktisch einzusetzen, das käme einem durch Zufall zu, und wem es zufalle, der brauche es nicht zu lernen. Sicher ist es noch lächerlicher, wenn einer erklärt, die Klugheit allein lasse sich nicht lehren, ohne die man doch keinen Nutzen oder Gewinn von den anderen Künsten ziehen kann. Wenn die Klugheit aber die Führung hat, sie, die alles leitet, ordnet und jeden zum Nutzen führt – wie muss man dann nicht ihr überall die erste Stelle einräumen? Wenn man zum Beispiel zu einem Bankett geht, was kann es da für ein Vergnügen sein, wenn die Sklaven zwar geübt und gut eingelernt sind,

> Fleisch zu schneiden, am Spieße zu braten und Wein
> zu verteilen,[88]

aber bei der Dienerschaft nichts nach Plan und Ordnung abläuft.

[Im Fehlenden wurde wohl noch hingewiesen auf die *diáthesis*, die rechte Haltung, Einstellung, die mithilfe der *phrónesis*, der Klugheit, Vernunft und Einsicht, geradezu identisch ist mit der *areté*, der Tugend, und daher ein gutes Leben gewährleistet.]

III Von Zufall und Schicksal

1. »Schicksal und Zufall [Tyche] ist das Tun
der Sterblichen, nicht Klugheit.«[89]

Heißt das, es gibt also keine Gerechtigkeit, keine Gleichheit, keine Besonnenheit und Selbstbeherrschung, keinen Anstand – war es vielmehr der Zufall, der den Aristides[90] in seiner Armut ausharren ließ, obwohl er zum Herrn großer Reichtümer hätte werden können, und dass Scipio[91], als er Karthago eingenommen hatte, nichts nahm, ja nichts ansah von der Beute? War es aus Zufall und durch Zufall, dass Philokrates,[92] der Geld von Philipp genommen hatte, sich Dirnen und Fische dafür kaufte – und dass Lasthenes und Euthykrates, »die das Glück nach ihrem Bauch und höchst schamlosen Lüsten bemaßen«[93] – ihre Heimatstadt Olynth durch Verrat zugrunde richteten? Und war es wiederum Zufall, dass Alexander, Philipps Sohn, sich von den gefangenen Frauen zurückhielt und diejenigen bestrafte, die ihnen etwas angetan hatten?[94] Der andere Alexander aber, der Sohn des Priamos,[95] gab seinem bösen Dämon nach oder dem Zufall, beging Ehebruch mit der Frau seines Gastfreundes, entführte sie und erfüllte damit zwei Weltteile mit Krieg und Kummer.

2. Wenn es aber Selbstbeherrschung, Gerechtigkeit und Tapferkeit gibt, wie ließe sich da mit Recht behaupten, es gäbe keine Klugheit? Und wenn es diese gibt, warum dann nicht auch die vernünftige Überlegung?[96] Denn Selbstbeherrschung ist ja eine Art von Klugheit, wie man sagt, und Gerechtigkeit erfordert die Gegenwart von Klugheit. Ja diese Art von Klugheit, die Überlegung und Einsicht, die

uns inmitten von Vergnügen und Genuss dagegen standhaft sein lässt, die nennen wir Enthaltsamkeit und Selbstbeherrschung, in Mühen und Gefahren aber Ausdauer und Tapferkeit, im privaten und öffentlichen Leben aber sprechen wir von Billigkeit und Gerechtigkeit. Wenn wir daher die Werke der Klugheit denen des Zufalls zurechnen wollen, so werden auch die Werke der Gerechtigkeit und Selbstbeherrschung dem Zufall zugeschrieben werden müssen, und, beim Himmel, auch Stehlen ist dann ein Werk des Zufalls, und Betrügen und einen liederlichen Lebenswandel führen. Dann müssen wir Abschied nehmen von unseren eigenen vernünftigen Plänen und uns dem Zufall in die Arme werfen, so wie eine Wolke aus Staub und Schmutz von einem heftigen Sturm fortgetrieben und zerstreut wird.

Wenn es also keine Klugheit gibt, dann können wir auch keine entsprechenden Überlegungen anstellen über irgendetwas, was zu tun ist, es prüfen oder erforschen, was das Vorteilhafteste ist. Und Sophokles hat dann leeres Stroh gedroschen, wenn er sagt:

> Alles, was gesucht wird, lässt sich finden, es entzieht sich
> Nur dem, der sich nicht darum kümmert.

Und ebenso, wenn er verschiedene Arten des Handelns unterscheidet:

> Was man lernen kann, das lerne ich,
> Was man finden kann, das suche ich. Die Erfüllung
> meiner Wünsche aber stelle ich den Göttern anheim.

3. Denn was können die Menschen finden oder lernen, wenn alles durch Zufall geschieht? Welches Rathaus einer Stadt müsste man da nicht abreißen oder welche Ratsversammlung eines Königs nicht auflösen, wenn alles dem Zufall unterworfen ist – wir tadeln ihn doch, weil er blind ist, und fallen wie Blinde in die Grube. Wie könnte es aber auch anders sein, wenn wir unseren Verstand wie ein Auge uns ausschlagen und den Zufall als einen blinden Führer für unser Leben nehmen!

[Im Folgenden weist Plutarch ausführlich nach, wie der Mensch gegenüber den Tieren ein Mängelwesen ist, ohne Fell, Krallen, Stacheln und Reißzähne, wie ihm die Gottheit, die Natur, aber zum Ausgleich die Vernunft gegeben hat, durch die er die Tiere beherrscht und sie sich auf verschiedene Weise dienstbar macht.]

Und in all dem ist nichts von Zufall, sondern es wirken allein die Kräfte der Vernunft und des Einfallsreichtums.

4. Aber zum »Tun der Sterblichen« gehören doch auch die Tätigkeiten von Handwerkern wie der Schmiede, Baumeister und Bildhauer, bei denen wir nichts sehen, was von selber oder durch Zufall zustande gebracht wird. Mag der Zufall bei diesen auch in geringem Maße wirken,[97] so sind es doch die Künste, welche die meisten und bedeutendsten ihrer Werke zur Vollendung bringen. Darauf wird hingedeutet mit den Dichterworten, die Handwerker sollten alle zum Fest der Athene Ergane[98] ziehen.

Die Künste haben ja die Werktätige, das ist Athene, zu ihrer Schirmherrin – und nicht die Schicksalsgöttin Tyche. Daher benutzt man überall Maße und Gewichte und Zahlen, damit sich in solchen Werken nirgends etwas Willkürliches und Zufälliges findet. Man kann die Künste geradezu als die minderen Formen der Verstandeskräfte bezeichnen, oder vielmehr als einen Ausfluss der Vernunft oder als Teilchen, die sich abgelöst und verstreut haben für die Bedürfnisse des Lebens. So heißt es ja im Mythos, das Feuer sei von Prometheus[99] in einzelne Teile geteilt und hierhin und dorthin verstreut worden. Und so hat sich auch die Vernunft gewissermaßen aufgegliedert und in ihren Teilen verschiedenen Tätigkeitsbereichen zugeordnet.

5. Darüber müsste man sich nun doch wundern: Die Künste bedürfen keines Zufalls, um ihren eigenen Endzweck zu erreichen – die größte und höchste Kunst von allen, die Krönung des menschlichen Strebens, die gibt es praktisch gar nicht! So zeigt sich doch beim Anspannen und Nachlassen der Saiten eine gewisse Überlegung hin zu dem, was wir Musik nennen, ebenso bei der Bereitung von Speisen, was wir Kochkunst nennen, und beim Waschen der Kleider, was wir die Tuchmacherkunst nennen.[100] So lehren wir die Kinder, ihre Sandalen zu schnüren und ihre Kleider anzulegen, mit der rechten Hand die Speise zu nehmen und in der linken das Brot zu halten. Und selbst diese Dinge beruhen nicht auf Willkür, sondern es sind dazu Aufsicht und Aufmerksamkeit nötig. Und da sollen die wichtigsten und für ein glückliches Leben wesentlichsten Dinge keine Einsicht erfordern, nicht teilhaben an Vernunft und Voraussicht? Es befeuchtet doch niemand Erde mit Wasser und lässt sie liegen, in der Erwartung, dass durch Zufall und von selbst Ziegel daraus werden. Keiner kauft auch Wolle und Leder, setzt sich dann hin und betet zum Zufall, dass ihm daraus ein Gewand und Schuhe werden sollen. Wer viel Gold und Silber und eine Menge von Sklaven zusammengebracht hat, sich einen weiträumigen

Palast mit kostbar verzierten Ruhebetten und Tischen gebaut hat – wie kann der wohl, wenn ihm die Klugheit fehlt, darauf hoffen, dass diese Dinge ihm ein glückliches Leben garantieren werden, ohne Sorgen und Kummer, und das auf Dauer?

Es fragte jemand den Feldherrn Iphikrates[101], in der Absicht, ihn bloßzustellen, wer er sei, denn er sei doch weder ein Schwerbewaffneter (Hoplit) noch ein Bogenschütze noch ein Leichtbewaffneter (Peltast). Der aber gab zur Antwort: »Ich bin der Mann, der sie alle kommandiert und zum Einsatz bringt.«

6. So ist auch das kluge Denken nicht Gold, nicht Silber noch Ruhm und Reichtum, auch nicht Gesundheit, Stärke oder Schönheit. Was ist es nun? Dasjenige, was all dieses recht zu gebrauchen vermag, und wodurch ein jedes davon angenehm, ehrenvoll und nützlich wird. Und ohne dieses wird aber alles unbrauchbar, fruchtlos und schädlich und eine Bürde und Schmach für den, der es besitzt. Es ist ja ein guter Rat, den bei Hesiod Prometheus seinem Bruder Epimetheus gibt:

> Niemals Geschenke anzunehmen von Zeus, dem
> Olympier, sie vielmehr zurückzusenden,[102]

die Zufallsgeschenke nämlich und die äußeren Güter. Es ist so, als wollte er den Rat geben, jemand solle nicht Flöte spielen wollen, wenn er unmusikalisch ist, nicht lesen, wenn er das Alphabet nicht kennt, nicht reiten, wenn er nichts von Pferden versteht. Oder er würde ihm raten, nicht in die Politik zu gehen, wenn er nicht genügend Verstand dafür besitzt, nicht in die Klasse der Reichen aufsteigen zu wollen, wenn er aus der Unterschicht stammt, nicht zu heiraten, wenn er sich von einer Frau beherrschen lässt.

Es stimmt ja nicht nur, was Demosthenes sagt,[103] dass unverdienter Erfolg für die Unverständigen eine Quelle von Fehlentscheidungen ist, sondern ebenso wird unverdientes Glück zum Ausgangspunkt für falsches Handeln bei denjenigen, denen es an klugem Denken mangelt.

Anmerkungen

1 Verszeilen aus verlorenen oder unbekannten Dichtungen (wie diese aus einer Tragödie des Euripides) werden nicht aufgeführt, sofern sie zum Verständnis nicht nötig sind.

2 *Erziehung des Kyros* 1,6,3.

3 Demokrit (vgl. Diogenes Laertios 9,34–49) sagte, wer in Gemütsruhe leben wollte, solle sich von Vielgeschäftigkeit fernhalten und nur Aufgaben übernehmen, die seine Kräfte nicht übersteigen (Diels, *Fragmente der Vorsokratiker* II 3). Er rät also nicht grundsätzlich vom Tätigsein ab, ebenso wie Epikur (Diogenes Laertios 10), trotz seines Grundsatzes »Lebe im Verborgenen«, den Plutarch ablehnt.

4 Elektra spricht ihren Bruder Orest an, der nach dem Mord an seiner Mutter in Wahnsinn verfallen ist. (Euripides, *Orest* 258).

5 Hesiod, *Werke und Tage* 518.

6 Homer, *Odyssee* 1,191 (übers. R. Hampe). Der Vater des Odysseus hatte sich aus Kummer über die lange Abwesenheit seines Sohnes aufs Land zurückgezogen.

7 Aus gekränkter Ehre bleibt Achill in seinem Zelt. Homer, *Ilias* 1,488 ff., das Folgende: *Ilias* 18,104.

8 Vgl. Vergils Lob des Landlebens in *Georgica* 2,458 ff.

9 Menander aus Athen, um 342–292 v. Chr., der bedeutendste Dichter der Neuen Komödie, von dem nur ein Stück ganz und andere in Teilen erhalten sind, dazu viele Zitate bei Schriftstellern wie Plutarch.

10 Schon Sokrates soll gesagt haben, ein Ortswechsel helfe nichts, denn man nimmt sich selbst immer mit. Vgl. Lukrez, *Von der Natur der Dinge* 3,1058 ff., Seneca, *Von der Ruhe des Gemüts* 2,13 ff.

11 Euripides, *Orest* 232.

12 Anaxarchos von Abdera, um 380–320 v. Chr., vertrat die Prinzipien der Unempfindlichkeit und Leidenschaftslosigkeit (*apátheia*) und Zufriedenheit aufgrund von Anspruchslosigkeit (*eukolía*).

13 Homer, *Ilias* 10,88 f. So gibt sich Agamemnon, der sorgenvoll des Nachts durchs Griechenlager geht, gegenüber Nestor zu erkennen.

14 Diogenes von Sinope, um 390–323 v. Chr., Begründer der Philosophie der Kyniker, lebte in äußerster Bedürfnislosigkeit und verachtete die bürgerlichen Konventionen. Sein Witz und seine Schlagfertigkeit waren berühmt. Vgl. Diogenes Laertios B. 6.

15 Der junge Phaëthon wollte Gewissheit darüber, ob er wirklich der Sohn des Sonnengottes Helios sei. Er gab sich mit dessen Beteuerung nicht zufrieden, sondern verlangte den Sonnenwagen seines Vaters fahren zu dürfen, mit dem er dann abstürzte.

16 Z. B. die Jünger des Pythagoras.

17 Aus einer verlorenen Tragödie des Euripides.

18 *Vom Staat* 604c.

19 Der Philosoph Theodoros von Kyrene, um 330–270 v. Chr., vertrat aufklärerische Grundsätze und griff die traditionellen Gottesvorstellungen scharf an.

20 Zenon von Kition (auf Zypern), um 332–262 v. Chr., begründete die stoische Philosophie, genannt nach der Säulenhalle (Stoa) in Athen, in der er lehrte (vgl. Diogenes Laertios B. 7,1–160).

21 Euripides, *Die Bakchen* 66 f.

22 Dionysios I., um 430–367 v. Chr., Herrscher von Syrakus (»Dionys der Tyrann«) hatte Platon an seinen Hof eingeladen, ihn dann aber feindlich behandelt, da er die Tyrannenwillkür tadelte.

23 Der Feldherr Epaminondas verschaffte Theben, der Hauptstadt von Böotien, die Vormachtstellung in Griechenland und war auch als charaktervolle Persönlichkeit geachtet; von Plutarch wurde er als Nationalheld seiner böotischen Heimat geehrt. C. Fabricius Luscinus, Konsul 282 und 278 v. Chr., Sieger über die Samniten, war eine der Symbolfiguren altrömischer Sittenstrenge und Tüchtigkeit. Wie es hieß, lebten beide höchst anspruchslos.

24 Agis II., König von Sparta 427/26–400 v. Chr., errang bedeutende Siege gegen Athen.

25 Aus altadliger Familie in Athen, 450–404 v. Chr.; im Hause seines Vormunds Perikles erzogen; zeitweise Schüler des Sokrates, aber eher den radikalen Lehren der Sophisten zugeneigt; ehrgeiziger Machtpolitiker; Anführer des unglücklichen Feldzugs der Athener gegen Sizilien; musste Athen verlassen. Als politischer Abenteurer in Sparta und bei den Persern, zeitweise wieder in

Athen, wurde er schließlich auf Betreiben der Spartaner von den Persern ermordet.

26 Stilpon von Megara, um 380–300 v. Chr., dem der Ausspruch zugeschrieben wird: »Alles Meinige trage ich bei mir«, vgl. Kap. 17. Hier widerlegt er den Kyniker Metrokles mit einem Argument aus dessen eigener Schule.

27 Die Stoiker der strengen Provenienz sahen alle Affekte als eine Art von Krankheiten an, die es auszumerzen galt.

28 Aristipp von Kyrene, um 430–355 v. Chr., Schüler des Sokrates, Vertreter eines konsequenten Hedonismus (Schule der Kyrenaiker). Das Glück liege in der gegenwärtigen Lust, von der man sich freilich seiner Seelenruhe wegen nicht völlig beherrschen lassen dürfte, und jeder Lebenslage sei ein Glücksmoment abzugewinnen.

29 Leiter der stoischen Philosophenschule um 140 v. Chr. Seiner Haltung stellt Plutarch die des römischen Feldherrn Marius gegenüber, der, obwohl siebenmal Konsul und reich wie mehrere Könige zusammen, sich über sein Schicksal beklagte, als ob er zu kurz gekommen sei (*Leben des Marius* 46,2).

30 Weil andere es haben, z. B. kostbare Statuen. Hier werden die Neureichen angesprochen, vgl. Petrons *Gastmahl des Trimalchio*.

31 Gedichtfragment des Lyrikers Archilochos von Paros, um 650 v. Chr. (übers. K. Steinmann). Der Dichter soll diese Worte einem Zimmermann Charon von der Insel Thasos in den Mund gelegt haben, wo er auch selbst gelebt hatte.

32 Der Schutzgeist, *daímon*, daher *eudaimonía* als Bezeichnung des Glücks, vgl. aber Kap. 12: der böse *daímon*.

33 Herodot 7,56. Der Mann verglich den Perserkönig mit Zeus; die Machtdemonstration der Überschreitung des Hellesponts war jedoch ein mahnendes Zeichen, dass Hochmut vor dem Fall kommt. Am Berg Athos hatte die Perserflotte wegen heftiger Stürme schon große Verluste erlitten. Deshalb wollte man die Schiffe durch einen Kanal befördern (7,22 ff.).

34 Staatsmann auf Lesbos, um 650–570 v. Chr., Zeitgenosse der Sappho und des Alkaios, wurde unter die Sieben Weisen gerechnet.

35 Zu Dionys I. vgl. Anm. 22. Philoxenos von Kythera, um 435–380 v. Chr., Dichter von Chorliedern (Dithyramben). Wegen seiner Kritik an den Versen des Herrschers wurde er in die berüchtigten Latomien bei Syrakus gebracht, Steinbrüche, die als Staatsgefängnis genutzt wurden, in denen die meisten kriegsgefangenen Athener nach ihrer Niederlage 413 v. Chr. zugrunde gingen. Man zeigt heute noch dort das sog. Ohr des Dionysios, wo der Tyrann durch einen Schacht seine Gefangenen belauscht haben soll. Dionysios ließ Philoxenos zurückholen und trug ihm eigene Verse vor. Daraufhin wandte sich der Dichter um und erklärte auf die Frage des Tyrannen, er ginge zurück in die Steinbrüche.

36 Ägina lag mit Platons Heimatstadt Athen im Krieg, daher wurden alle Athener, die in die Gewalt der Ägineten kamen, zu Sklaven gemacht. Der Philosoph Annikeris kaufte Platon frei und unterstützte ihn mit einer Geldsumme. Vgl. Kap. 6.

37 Homer, *Ilias* 18,105 f.

38 Eines der sog. Stoischen Paradoxa: Wenn die Tugend unteilbar ist und der Weise im Besitz der Tugend ist, muss er auch die einzelnen Tugenden und Fähigkeiten besitzen. Plutarch polemisiert in einigen seiner Schriften gegen den Rigorismus der Stoiker.

39 Homer, *Ilias* 5,428 ff.

40 Homer, *Odyssee* 6,130.

41 Oder: Halte es in Ordnung. Fragment aus der verlorenen Tragödie *Telephos* des Euripides, später sprichwörtlich gebraucht.

42 Solon, *Eunomie* 46 ff. (übers. H. Miltner).

43 Aristoteles: der Lehrer Alexanders; Antipater: Feldherr und hochrangiger Politiker unter und nach Alexander. Bei Plutarch, *Moralia* 545A spricht Aristoteles so zu Alexander selbst. Kaiser Julian Apostata zitiert diese Aussage zustimmend (*Brief an Themistios* 264D, 265A); er meint, Aristoteles nähme Bezug auf seine eigene Abhandlung über die Götter, mit der er sich dem Eroberer des Perserreiches gleichstelle.

44 Hesiod, *Werke und Tage* 25. Hesiod meint hier freilich den positiven Streit, den Wettbewerb (V. 24), Plutarch bezieht sich auf Platon, *Lysis* 215c.

45 Homer, *Ilias* 24,527. Zeus teilt aus diesen Fässern Gutes und Schlechtes aus.

46 Ein Ausschnitt aus einem berühmten Gemälde des Polygnot, in einer Halle in Delphi, der sog. Lesche der Knidier. Nach Pausanias 10,29,1 f. sei damit auf die Frau des Mannes, der Oknos, der Zauderer heißt, angespielt, die dessen mühsam erworbenes Gut sogleich wieder verschwendete. Es kann auch eine geheime Anspielung auf diejenigen sein, die während ihres Lebens gezögert haben, sich in die Mysterien einweihen zu lassen.

47 Vgl. Plutarch, *Gegen die Stoiker*: *Moralia* 1083 A–F.

48 Heraklit, um 540–480, zu den vorsokratischen Philosophen gehörig. Seine tiefsinnige, oft aphoristische Sprache trug ihm den Beinamen »der Dunkle« ein. Berühmt ist sein Satz: *Pántha rheî* – »Alles fließt« – sowie »Man kann nicht zweimal in denselben Fluss steigen« (d. h.: alles ist im Fluss, in ewigem Wechsel begriffen).

49 Fragment 714 Körte (übers. W. Kranz).

50 Empedokles von Akragas, um 492–430 v. Chr., Naturphilosoph und Arzt, der sich in dichterischer Form über Entstehen, Werden und Vergehen des Seins äußerte. Dieses wird durch die Mischung der Grundkräfte Liebe und Streit, d. h. Anziehung und Abstoßung, im Gleichgewicht gehalten. Von seiner legendären Wirkung zeugt die Überlieferung, er habe sich in den Ätna gestürzt, wohl um sich mit einem der Urelemente, dem Feuer, zu vereinigen.

51 Fragment 122 Diels, nur hier bei Plutarch überliefert.

52 Fragment 490 Usener. Epikur 341–270 v. Chr., gründete in Athen seine Schule, den »Garten« (*Képos*). Mittelpunkt seiner Lehre ist die *eudaimonía*, die Glückseligkeit des Menschen als Individuum, das von Natur aus die Lust sucht und den Schmerz vermeidet. Angestrebt wird die *ataraxía*, die Gemütsruhe, also keine hemmungslose Sinnenbefriedigung, aber Abkehr von politischer Tätigkeit (*láthe biósas* – »Lebe im Verborgenen«, vgl. Kap. 2).

53 Anaxagoras, um 500–428 v. Chr., ionischer Naturphilosoph; lebte in Athen, wo er großen Einfluss hatte, so auf Perikles und Euripides. Sein Grundprinzip ist der *noûs*, der Geist; er waltet im Weltganzen wie im einzelnen Menschen. Naturwissenschaftliche

Erkenntnisse: Erklärung der Meteore und der Sonnenfinsternis. Da er behauptete, die Sonne sei eine glühende Masse, wurde er der Gottlosigkeit angeklagt und musste aus Athen fliehen. Vgl. Diogenes Laertios B. 2,6–15. Sein Ausspruch wurde vielfach zitiert, so noch von Goethe.

54 13. Brief 360d.

55 Karneades von Kyrene, 214–129 v. Chr., Schulhaupt der Neuen platonischen Akademie, Teilnehmer an der berühmten Philosophengesandtschaft nach Rom. Seine Aussage hier vgl. Cicero, *Gespräche in Tusculum* 3,52; 54.

56 Im dritten Makedonischen Krieg 168 v. Chr.

57 *Odyssee* 17,291 ff.; 19,204 ff.

58 Vgl. den Kernsatz des Stoikers Epiktet: Nicht die Dinge beunruhigen den Menschen, sondern die Meinungen über die Dinge (*Handbüchlein der Moral* 5).

59 Dies war auch die Überzeugung der Stoiker, wie so oft bei Seneca.

60 Plutarch, *Leben des Demetrios* 9,5. Hier sagt Stilpon, er habe nichts verloren, denn er habe noch keinen die *epistéme*, Wissenschaft und Erkenntnis, wegtragen sehen. Vgl. Anm. 26.

61 Homer, *Ilias* 5,484.

62 Im *Leben des Solon* 7 gibt Plutarch freilich zu, dass man durch Krankheit oder Gift auch der Tugend beraubt werden könne.

63 Platon, *Apologie* 30c. Sprichwörtlich zitiert u. a. bei Epiktet, Seneca und Marc Aurel.

64 Homer, *Odyssee* 12,430 ff.

65 Vgl. Sokrates über seine Jenseitsvorstellungen: Platon, *Apologie* 40c ff.

66 Euripides, *Bakchen* 498; Horaz, *Episteln* I 16,78; ebd. V. 79: *opinor, hoc sentit ›moriar‹* – »Ich meine, das bedeutet: ›Ich weiß zu sterben.‹« Der gesamte Passus gibt die stoische Auffassung vom Tod bzw. Freitod wieder: als der selbst zu wählenden Befreiung des Weisen von allen unerträglichen Übeln, wie sie sich besonders bei Seneca findet und die Plutarch im Allgemeinen ablehnt.

67 Metrodor, Schüler und Freund Epikurs.

68 Die »Sorge für die Seele, damit sie möglichst gut sei«, war das Anliegen des Sokrates (Platon, *Apologie* 30a–b).

69 Vgl. Cicero, *Gespräche in Tusculum* 3,81 ff.

70 Euripides, *Orest* 396. Vgl. Anm. 4.

71 *Galéne*, die »Meeresstille der Seele«, das Bild für die Ruhe und Ausgeglichenheit des Gemüts, das Freisein von allen Leidenschaften, die Gemütsruhe, bei Epikur die *ataraxía*, bei den Stoikern *apátheia* genannt. Der Begriff wird hier in einen ethisch-moralischen Zusammenhang gestellt.

72 Ein Fragment, zitiert bei Platon, *Vom Staat* 331a.

73 Vgl. Anm. 55.

74 Am Ende des *Timaios* (92c), vgl. die Erwähnung in Kap. 1.

75 Wie die Einweihung in die Mysterien von Eleusis.

76 Das häufig gebrauchte Bild vom Unkraut im Weizen, vgl. Matthäus 13,24 ff.

77 Und ihn zuvor klärt, vgl. Plutarch, *Tischgespräche* 6,7.

78 *Kleitophon* 407c.

79 Bei Kallimachos, um 310–240 v. Chr., Gelehrter und Dichter. In seinem Werk *Aitia* beschreibt er die Ursprünge von Festen und Bräuchen und beschwert sich im Prolog über missgünstige Dichterkollegen, die er mit den Telchinen vergleicht, bösartigen Kobolden.

80 Den sog. Zettel, vgl. Aristophanes, *Wolken* 55, ein Wortspiel mit verzetteln, weben oder auch vergeuden, was ein Mann hier seiner Frau zum Vorwurf macht.

81 *Wolken* 983. Die Jungen sollten (wegen fehlender Unterwäsche) keinen unpassenden Anblick bieten. Die Philosophie bot auch Vorschriften für ein soziales Verhalten (vgl. Seneca, *Briefe an Lucilius* 94; 95).

82 D. h. meinen letzten Groschen, die Münze für den Fährmann Charon in der Unterwelt. Zu Aristipp vgl. Anm. 28.

83 So wie ein Siegel in Wachs, sagt Plutarch in seiner *Kindererziehung*.

84 Kaiser Julian lobt seinen Lehrer, der ihm eingeprägt habe, unterwegs die Augen nicht neugierig oder stolz überall umherschweifen zu lassen (*Der Barthasser* 351 A).

85 Der Text ist korrupt, es geht wohl darum, dass gute Tischmanieren zum Ansehen eines guten Bürgers gehören. Vgl. *Von Zufall und Schicksal* Kap. 5.

86 Herodot 4,2 (etwas abweichend).

87 Feldherr aus Athen, um 415–353 v. Chr., kämpfte erfolgreich auf vielen Kriegsschauplätzen, bekannt als Neuerer in der Kriegstechnik und Taktik. Darauf bezieht sich die (rhetorische) Frage des Chabrias, Feldherr und Söldnerführer in wechselnden Diensten wie Iphikrates.

88 Homer, *Odyssee* 15,323.

89 Versfragment, zitiert bei Cicero, *Gespräche in Tusculum* 5,25: *Vitam regit fortuna, non sapientia* – »Das Leben regiert Fortuna, nicht die Klugheit«.

90 Aristides, um 550–467 v. Chr., athenischer Politiker und Feldherr, angesehen wegen seiner Rechtlichkeit.

91 P. Cornelius Scipio Aemilianus Africanus minor (der Jüngere) zerstörte 146 v. Chr. Karthago.

92 Philokrates und die beiden folgenden Männer kollaborierten mit Philipp II. von Makedonien, der 348 v. Chr. Olynth eroberte und völlig zerstörte. Demosthenes nennt sie als Verräter.

93 Demosthenes, *Rede* 18,296 (»Kranzrede«).

94 Die Gattin und die Töchter des Perserkönigs Dareios waren nach dessen Niederlage in Alexanders Gewahrsam, der sie nicht einmal ansehen wollte und ihnen ihre königlichen Ehren beließ.

95 Paris, der in seiner Zeit als Hirte am Berg Ida den Namen Alexandros (»Abwehrer von Männern«) erhielt, da er die Hirten und die Herden vor Räubern geschützt hatte. Er weilte als Gast von Menelaos und Helena in Sparta und löste mit deren Entführung den Trojanischen Krieg aus.

96 *Euboulía*, die »Wohlberatenheit«. Im Folgenden die Haupttugenden.

97 Angelehnt an Epikur (bei Diogenes Laertios 10,144,16): Wenig bewirkt beim Weisen der Zufall. Das Wichtigste und Wesentliche hat das Denken geregelt, regelt es für die ganze Lebenszeit.

98 *Ergáne* von *érgon* (das Werk), Athene als Göttin der Weisheit und zugleich als die Werktätige, Erfinderin und Schutzherrin aller Künste und des Handwerks.

99 Prometheus raubte Zeus das Feuer und brachte es zu den Menschen; es ist symbolisch für alle Gaben der Kultur und Zivilisa-

tion (vgl. den Kulturentstehungsmythos in Platons *Protagoras*). Als der »Vorausdenkende« ist er auch mit der Weisheit verbunden und wurde in Athen mit Athene zusammen verehrt.

100 Die Wolle wurde zuerst gereinigt und dann gewalkt, d. h. zu Stoffen verarbeitet.

101 Vgl. Anm. 87.

102 Hesiod, *Werke und Tage* 85 ff. Epimetheus, »der erst hinterher nachdenkt«, missachtete den Rat und nahm Pandora auf, die Frau, die aus der »Büchse der Pandora« Unglück aller Art entließ.

103 *Olynthische Reden* I, 23.

Literaturhinweise

Die Übersetzung folgt den Ausgaben:

Plutarch's Moralia in Fifteen Volumes. Vol. II. With an English Translation by F. C. Babbitt. London / Cambridge (Mass.): Harvard University Press, 1992. [Loeb Classical Library.]

Plutarch's Moralia in Fifteen Volumes. Vol. VI. With an English Translation by W. C. Helmbold. London / Cambridge (Mass.): Harvard University Press, 1992. [Loeb Classical Library.]

Übersetzungen

Plutarch: Essays. On contentment [Von der Ruhe des Gemüts]. Translated by R. Waterfield, introduced and annotated by J. Kidd. London: Penguin Classics, 1992.

Plutarch von Chaironeia: Moralphilosophische Schriften. Ausgew., übers. und hrsg. von H.-J. Klauck. Stuttgart: Reclam, 1997. [Reclams Universal-Bibliothek. 2976.]

Plutarch: Lebe im Verborgenen? – Ist [Epikurs] »Lebe im Verborgenen« eine gute Lebensregel? Text und Übers. mit interpretierenden Essays hrsg. von U. Berner u. a. Darmstadt: Wissenschaftliche Buchgesellschaft, 2001. [Texte zur Forschung. SAPERE. Bd. I.]

Plutarch: Moralia. Bd. 1. Übers. von Chr. N. v. Osiander und G. Schwab. Hrsg. von Chr. Weise und M. Vogel. Wiesbaden: Marix, 2012.

Plutarch: Darf man Tiere essen? Gedanken aus der Antike. Übers. und hrsg. von M. Giebel. Stuttgart: Reclam, 2015. [Reclams Universal-Bibliothek. 19313.]

Plutarch: Die Kunst zu leben. [U. a. Über Kindererziehung, Eheratgeber, Gastmahl der Sieben Weisen.] Übers. und hrsg. von M. Giebel. Frankfurt a. M. / Leipzig: Insel, [4]2017.

Plutarch: Arbeiten im Alter? Denkanstöße aus der Antike. Übers. und hrsg. von M. Giebel. Stuttgart: Reclam, 2019. [Reclams Universal-Bibliothek. 19633.]

Zu Plutarch

Bächli, A. / Graeser, A.: Grundbegriffe der antiken Philosophie. Ein Lexikon. Stuttgart 2000. [Reclams Universal-Bibliothek. 18028.]

Görgemanns, H.: Plutarch. In: Die griechische Literatur in Text und Darstellung. Bd. 5: Kaiserzeit. Hrsg. von H. Görgemanns. Stuttgart 1988. S. 112–133. [Reclams Universal-Bibliothek. 8065.]

Hadot, P.: Philosophie als Lebensform. Geistige Übungen in der Antike. Übers. von I. Hadot und C. Marsch. Berlin 1991.

Ingenkamp, H. G.: Plutarchs Schriften über die Heilung der Seele. Göttingen 1971. [Hypomnemata. 34.]

Mossman, J. (Hrsg.): Plutarch and his Intellectual World. Essays on Plutarch. London 1997.

Stadter, P. A.: Plutarch and his Roman Readers. Oxford 2015.

Ziegler, K.: Plutarchos von Chaironeia. Stuttgart 1964. [Nachdruck des Artikels in Paulys Real-Encyclopädie der classischen Altertumswissenschaft.]